児童福祉施設の心理ケア

力動精神医学からみた子どもの心

生地新
Oiji Arata

岩崎学術出版社

はじめに

不適切な養育環境に置かれている子どもたちやいわゆる「虐待」を受けている子どもたち対して社会の関心が高まったのは、わが国では一九九〇年代になってからのように思う。そして、「児童虐待の防止等に関する法律」が施行されたのは二〇〇〇年のことである。さらに、児童養護施設などの児童福祉施設について、テレビのドキュメンタリーやドラマやアニメの素材として頻回に取り上げられるようになったのは、二十一世紀に入ってからのような気がする。

しかし、考えてみると、欧米の文学の世界では、もっと昔から「孤児」が活躍していた。「オリヴァー・ツイスト」（一八三八）のオリヴァー、「フランダースの犬」（一八七二）のネロ、本書でも取り上げる「家なき子」（一八七二）のルミ（レミ）、「アルプスの少女ハイジ」（一八八〇）のハイジ、「赤毛のアン」（一九〇八）のアン、「あしながおじさん」（一九一二）のジュディ、「秘密の花園」（一九一二）のメアリーなどが思い浮かぶ。このうち孤児院出身という設定になっているのは、アンとジュディである。オリヴァーは大人も収容される「救貧院」で育った孤児であった。レミは幼児期に孤児院に入れられそうになったが、その後、旅芸人のビタリスに売り飛ばされる。これらの物語の中で、活躍するのはなぜか女の子が多い。ほとんどの作品が十九世紀末から二十世紀初頭に書かれたものである。二十世紀の半ば以降になると、私たちは、ミュージカルや映画、アニメなどの形で、繰り返し孤児たちの物語に出会ってきた。私たち、大衆は、孤児という設定になぜか引きつけられてきたのである。ただ、ネロを除けば、それらの物語の多くは、力強く、希望を失わずに生きる孤児たちが描かれていて、たいていはハッピーエンドである。レミは、最後にお金持ちの実母に出会う。ジュディは青年実業家と結婚するし、アンは医師のギルバートと結婚する。産業革命や民主主義、そして資本主義の発展とこれらの物語は関連しているように思われる。当時の人々は、子どもの貧困や不適切な養育に関心を持ちながらも、そうした問題は右肩上がりの経済の中で解決していくだろうという楽観があったのかもしれない。そして、楽観的になることで、そこにある悲惨で残酷な現実を直視せずに済んだのかもしれない。

二十世紀後半の日本の漫画・アニメの世界でも孤児は活躍する。「タイガーマスク」（一九六八）の伊達直人は、孤児院「ちびっこハウス」の出身である。数年前に伊達直人の名前で児童養護施設にランドセルなどを贈ることが流行した時期がある。「あしたのジョー」（一九六八―一九七三）の矢吹ジョーも孤児である。これらの物語も成長物語ではあるが、ストーリーは単純ではなく、自分の内なる悪との戦いも描かれており、最後は破滅的なエンディングへ向かう。

精神科医になってからの私が児童虐待について改めて意識させられたのは、一九八三年に出版されたアリス・ミラーの「魂の殺人」という本と一九八七年にリリースされたスザンヌ・ヴェガの「ルカ」という歌である。「ルカ」をスザンヌは静かに淡々と、しかし思いをこめて歌い上げるのだが、私は「このまま手をこまねいていてはいけない」という気持ちにさせられた。二十一世紀初頭の今、私たちは、再び、子どもの貧困や不適切な養育に向き合うことになった。そして、私たちは、楽観でも悲観でもない立場で、ありのままの、そして様々な子どもたちに出会い、私たちが素手でできる支援を考えていくという課題を与えられているのだろう。温暖化などの環境の悪化やグローバル化や貧富の差の拡大という問題と、この課題とは連動しているのだと思う。右肩下がりの反時計回りの世界で、私たちがこの問題に取り組む時、個人として生きている意味や人類の文明の意義について考えざるを得ないだろう。この本で、私は、そういう大きな問題に真正面から取り組んでいる訳ではない。狭い専門分野で仕事をしている一人の個人として、子どもたちの心の問題に取り組みながら、私が学んだこと、考えたこと、気づいたことを備忘録として残したいという気持ちが、この本の執筆の一つの動機である。

この本は、考えるための素材を提供するもので、具体的なスキルや包括的な理論を提示するものではない。特にこれから、この分野の仕事に入ろうとする精神科医、臨床心理士、福祉職の方々を想定して書いた本である。児童福祉の現場に近いところで仕事をしてきた児童精神科医の書いた本として、現場で苦闘を続けている皆さんと、そして、もしかしたら子どもたちにも、多少なりとも参考になり、役立つことを期待している。

目次

第一部　児童福祉施設における心理ケアの実際

——力動精神医学的コンサルテーションの経験から

1　なぜ児童福祉施設に関わることになったのか

I　家なき子

私は、子どもの頃、親元を離れて主人公が広い世界や異界を冒険するストーリーの本が好きだった。「ニルスのふしぎな旅」や「オズの魔法使い」や「不思議の国のアリス」などである。その中でも、小学校の低学年の時に繰り返し読んだのが、「家なき子」であった。「家なき子」は、フランスのエクトール・アンリ・マロが一八七八年に発表した児童文学作品で、そのストーリーは有名なのでここで詳しく述べる必要はないと思うが、少しだけ触れておこう。主人公のルミ（レミと表記されることもある）は、赤ん坊の頃に誘拐されたのだが、誘拐犯はその子を捨ててしまい、田舎の男バルブレンに拾われたのである。彼は、妻に赤ん坊を手渡し「孤児院」に預けるように言って再びパリに戻ってしまったのだが、妻はそのままルミを育てた。そして、長い不在の後に帰ってきたバルブレンは、ルミが家にいるのを見て、孤児院になぜ預けなかったのかと妻を責めるのである。この小説の中には、子どもを孤児院に行かせることがいかにひどいことで、孤児院の子どもたちがいかに汚れていて悲惨な状態かについての記述がある。その後、ルミは孤児院には行かずに、旅芸人のヴィタリスに売り飛ばされ、ルミの放浪生活が始まるのである。

「家なき子」の冒頭の孤児院についての記述を私は覚えていなかった。多分、私が小学生の時に読んだ児童向けの版では削除されていたのかもしれない。そんな本を繰り返し読んでいたということは、私の中に両親や兄弟との間で葛藤を抱えていたことを示していると思う。読者の中で精神分析を学んでいる人は、いろいろと私について想像するかもしれない。家なき子を何度も読んでいた私自身の幼児期の体験や葛藤が、児童福祉施設での臨床に関わるようになったことにつながっているだろうと思うが、ここでそれ以上の自己分析はしない。簡単に言うと、新しく生まれた弟たちへの嫉妬心が関連していることだけ述べておきたい。私が言いたかったことは、今から一世紀半くらい前のフランスでは、孤児院でケアされていた孤児たちがいかに過酷な境遇にあったかということである。その頃の日本は明治時代で、孤児院がようやく設置され始めた時期である。そして、今、日本の児童福祉施設の処遇環境はかなり改善しているし、里親制度も発展してきている。しかし、親元を離れざるを得なかった子どもたちは、今の日本でも様々な理不尽なことを体験していて、施設での良質なケアや里親による家庭的なケアを受けたとしても、十分に心の傷が癒やされるわけではない。そして、どこの施設でも良質なケアを提供できているわけでもない。

なお、余談であるが、有名な児童精神科医で「家なき子」を読んで詩を書き始めて、一時は小説家を志した人がいる。一九四四年に自閉症のケースに関して世界で初めて臨床的な論文を書いたレオ・

カナーである。私は、小説家を志すことはなかったが、なぜか児童精神科医になって、児童福祉施設と関わるようになった。

Ⅱ　児童福祉施設と関わることになった契機について

家なき子を読んでから二〇年後、私が三〇歳代の頃一九九〇年代には、山形大学附属病院精神神経科に勤務していたが、児童養護施設に住んでいる子どもたち何人かの主治医になったことがあった。その子たちは、「家なき子」の描写とは違って、それほど汚れてもいなかったし、みすぼらしい格好もしていなかった。しかし、それらの子どもたちには、育っていく上で大切な体験が足りないように思えた。自分を律する内的な枠や人とつながる力などである。

ある高校生の男子は、てんかんの発作があったのだが、行動上の問題として、時々、かっとなって、人に暴力をふるったり壁に穴をあけたりするということがあった。その当時、その児童養護施設は大舎制で、四〇名近い子どもたちが一つの建物に住んでいた。部屋は基本的に相部屋だった。その子に厨房で調理を担当している男性が空手を教えてみることになった。その空手は、型を重んじ、相手の身体にダメージを与えない程度のところで攻撃を止める「寸止め」が基本だった。空手を習うようになってから、その子の暴力は落ちついた。しかし、高校卒業後転職することになって、抗てんかん薬による治療が必要なために通院を勧めたが、その後、通院はすぐに途切れてしまった。同じ施設に入所していた高校生の女子は、身近な人から性的虐待を受けていた可能性もあってその施設に措置されたのだが、過食嘔吐の症状があって外来に通うようになった。過食の他に、大量服薬や解離症状も生じて安定せず、高校も定期的に通学できないため、施設を出て家に帰ることになった。しかし、その後、家を出て男性と暮らすようになり、すぐに妊娠したが中絶した。その後、大都市に行き消息は途絶えた。別の施設の中学生の女子は、母親が精神疾患でネグレクトの状態であったために措置された。入所前に自分の名前を呼ばれる幻聴様の体験があったのだが、措置後は落ちついていた。ところが、学校で容姿をからかわれることが増えてから、記憶が途切れる解離様の体験が出てきて、やがて、明らかな精神疾患を発症し、精神科病院に入院し、私は主治医ではなくなった。

以上のように、私が、その頃、担当した児童養護施設の子どもたちは、中学生から高校生が中心で、行動上の問題を示していて、複数の診断名をつけることはできるが、通常の薬物療法と短時間の診察ではほとんど彼らの助けにならなかったと思う。このような診療体験をしながら、病院で待っているだけでは、このような子どもたちに対応することは難しいと私は感じていた。それで、児童精神科医としてボランティアで児童養護施設に出向いていって職員や子どもたちに関わることはできないかと考えた。一九九〇年代の始め頃に思い切って事務方出身の児童相談所所長に相談したのだが、その所長は乗り気ではないどころか、余計なことをしないで欲しいという表情をしていた。

一九九九年になって、わが国で、児童養護施設に心理療法を行う職員を配置することに対して公的予算をつけるという決定がなされた。その頃、私は、自治体の職員、児童養護施設の職員、小児科医、臨床心理士、弁護士などが連携する民間組織である「山形県児童虐待防止ネットワーク」の立ち上げに関わり、その活動に参加していた。そこで知り合った児童養護施設「山形学園」の施設長であった武田満氏から「二〇〇〇年に心理療法担当職員を雇いたいので協力してほしい」と持ちかけられた。それが、私が児童福祉施設における心理ケアに関わるようになったきっかけであった。一九九〇年代から二〇〇〇年代は、日本において、児童虐待の防止へ向けての公的な施策や法律の整備などが急速に進んだ時期であった、厚生労働省は、一九九六年に「子ども虐待防止の手引き」を作成し、一九九九年には、より詳細な「子ども虐待対応の手引き」を作成している。さらに、二〇〇〇年十一月には「児童虐待の防止等に関する法律」（略称：児童虐待防止法）が施行された。ちょうど、この時期に心理療法を担当する職員が児童養護施設に次々と配置されるようになり、児童精神科医が児童養護施設に直接関わることが増えてきたのである。

Ⅲ　山形学園でのコンサルテーションと心理療法スーパービジョン

私は、二〇〇〇年度から山形学園での心理療法の導入に関わることになった。歴史的には、山形学園は一九四六年に設置された戦災孤児を保護する施設から出発して、児童相談所の一時保護所を経て養護施設になり、さらに山形市に移管されていた。そして、一九九三年に山形市社会福祉事業団が運営する体制になった。当時四〇歳代だった武田満氏が施設長に就任し、市立だった頃と比べて施設の雰囲気は自由な方向に変わっているように見えた。しかし、ベテランの市の職員が去った後、若手中心の職員が多く、苦労している様子だった。当時、児童虐待への関心の高まりの影響もあって、虐待やネグレクトを理由に施設に措置される子どもたちが急速に増えていた。精神的に不安定な子どもや気持ちを理解しにくい子どもが増えているという実感があり、生活ケアの中で対応に苦慮することが増えてきているという話を聞いていた。そんな中で、一九九九年度から児童養護施設への心理療法担当職員を配置する国の事業が始まったのである。武田氏は、二〇〇〇年度からその事業の枠組みを利用して、施設内で心理療法を始めたいと考えていた。二〇〇〇年の冬に、武田氏と山形大学附属病院に勤めていた私と山形大学教育学部で臨床心理学を教えていた末廣晃二教授の三者で話し合って、著者と末廣教授がその事業への支援を約束した。しかし、子どもの心理療法の経験が十分にあって信頼できる人が、わずかの謝金で、週四日、午後から夜の時間帯に児童養護施設に通う仕事を引き受けてくれる可能性はなかった。そこで、末廣教授が指導している大学院修士課程二年の大学院生を非常勤の心理療法担当職員として雇用し、私がその心理療法の個人スーパービジョンを行い、それとは別に月一回の心理ケアに関する職員全体でのケース・カンファレンスで助言も行うというシステムを採用することになった。(1)

山形学園で大学院生を心理療法担当職員として雇用するにあたって、生活ケアの体験から入ってもらうのか、最初から心理療法などの専門的なケアを実施するのかについて、著者には迷いがあった。一般的には、精神分析的心理療法の立場からは、セラピストはなるべく生活の場に入らない方が、個別の心理療法の実践には望ましいのだが、生活の場に一時入ることで職員の動きや子どもの生活の様子が理解できるということもあると考えたからである。しかし、施設長の武田氏は、最初から心理療法の場として普段あまり使われていない図書室を確保して、心理療法担当職員は原則として生活ケアに関わらずに最初から個別の心理療法だけを施行する方法を提案した。結果として、このやり方が良かったと私は考えている。セラピストが生活の場に入ることについては、施設の性質や心理療法の流派によって意見は異なるかもしれない。しかし、ふだん生活の場で触れあっているとどうしても生活指導と同じような対応を心理療法の場でしてしまったり、その場で何が起きているかについての俯瞰的な視点を持ちにくくなったりするために、世話をする人とセラピストの二つの役割を掛け持ちするのは、難しいことだということは確かなことである。

心理療法担当職員の個人スーパービジョンでは、気になる子どもの心理療法の経過を聞いて、精神分析的な理論と児童精神医学的な発達と病理の理解の両面から説明や助言を行った。施設全体のケース・カンファレンスには、指導員と保育士、施設長、嘱託医、心理療法担当職員が参加することになった。以前から施設内で行われていた通常の月一回の複数ケースについての事例検討会とは別の日時に施行し、原則として心理療法を施行している虐待やネグレクトの経験を持つケースを一ケースだけ、二時間近くかけて討論を行った。司会は職員が回り持ちで担当し、ケースの経過報告の中心は、担当職員（保育士か指導員）が行った。次に、心理療法担当者が、心理療法のなかで把握した子どもの内面の心理についての理解を伝えた。その上で、ケースについて、ふだんから感じていることや困っていることを、自由に話し合い、その上で解決方法を考えるという手順で、カンファレンスを進めた。討論の中では、問題点だけでなく、その子どもの優れた点や成長した点の発言が次第に増えていった。話し合いの途中で、嘱託医の私が討論に参加することもあったが、なるべく余計なことを言わないように努めた。最後のまとめの時間に、私がなるべく専門用語を使わずに、児童精神医学的理解や精神分析的な理解を伝え、職員の労をねぎらい、職員の対応や処遇方針の優れた点を評価するように配慮した。生活ケアに関する助言としては、応用行動分析的な介入の方法の提案を行うことが多く、医療機関への受診や学校と話し合う必要性の指摘も行った。著者は、これらの活動を通じて、虐待やネグレクトを受けて施設に措置された子どもたちの心理について、そして、その子どもたちへの心理療法のプロセスやメンタルケアのあり方についての多くのことを学んだ。

その後、徐々に私がかかわる施設の数は増えて行き、現在では、山形県内、山梨県内、および東京都内の三つの児童養護施設で、心理ケアに関するコンサルテーション活動を実施しているし、複数の施設の依頼で心理療法担当職員やファミリー・ケースワーカーの個人およびグループ・スーパービジョンを実践している。山梨県内の児童養護施設と乳児院、児童自立支援施設については、年一回ずつではあるが、山梨県中央児童相談所の事業として各施設でのケース・カンファレンスの助言者を務めている。私が嘱託医になっていない児童養護施設や児童心理治療施設の心理療法のスーパービジョンも積み重ねてきた。そして、児童福祉施設でのコンサルテーションの仕事を始めて、今年で十八年目になる。数年前から、私のささやかな体験を一冊の本にすることを考えていたのだが、ようやく重い腰を上げて書き始めた。この本は、私が児童青年精神医学と精神分析的精神療法を専攻するという立場から執筆したものではあるが、一貫した理論に基づくものではなく、個人的な経験を通じて得た実践知に基づいたものである。私は、この領域の仕事において、児童精神科医と精神分析的精神療法のセラピストとして学んできたことのすべてをつぎ込んだように思っている。それで、現在、児童福祉の現場で心理ケアや精神科コンサルテーションに携わっている若い人たちに多少の参考にはなるだろうと考えている。

2 児童福祉施設の現状

I 児童福祉施設の種類と現況

児童福祉施設は、児童福祉法の第七条の中で列記されていて、児童とその親（多くは母親）を保護したり、住む場所や育つ場所を提供したり、子育てについての指導をしたりするなどの福祉的支援を行う諸施設の総称である。具体的には、助産施設、乳児院、母子生活支援施設、保育所、幼保連携型認定こども園、児童厚生施設、児童養護施設、障害児入所施設、児童発達支援センター、児童心理治療施設、児童自立支援施設及び児童家庭支援センターである。このうち、児童虐待やネグレクト、親の病気や死亡などによって親元で育てることが難しくなった子どもたちを預かる（行政用語では「措置される」と言う）場所は、主として、乳児院、児童養護施設、児童自立支援施設である。他に、児童心理治療施設や障害児入所施設に措置される場合や母親とともに母子生活支援施設に入る場合もある。その他、里親に預けられる子どももいる。また、近年、中学や高校を卒業するなどして児童養護施設を退所した子どもや大人が自立のための支援をうける入所施設として、自立援助ホームが各地に整備されつつある。

厚生労働省がインターネット上で公開している「社会的養護の現状について」[11]という平成二九年に作成したと思われる資料からいくつかの数字を紹介しておこう。平成二九年十月一日の時点において、全国で、乳児院が一三六カ所で在籍する乳児が二九〇一人であり、児童養護施設が六〇三カ所で在籍する児童が二七二八八人である。児童心理治療施設は四六カ所で在籍児童が一二六四人、児童自立支援施設が五八カ所で在籍児童が一三九五人である。他に母子生活支援施設が二三二カ所で在籍児童が五四七九人であり、自立援助ホームは一四三カ所で在籍者が五一六人である。児童ではない者も在籍している自立援助ホームを除外すると全国で三八三二七人の子どもが児童福祉施設で生活しているということである。日本の未成年者の人口がおよそ二千万人であることを考えると未成年者のおよそ〇・二％が児童福祉施設に措置されているということになる。同じ資料で平成二八年三月の時点で、養育里親に委託されている児童が三八二四人で、専門里親に委託されている児童が二一五人、養子縁組した里親に委託されている児童が二二二人、親族里親に委託されている子どもが七一二人で、合計四九七三人である。また、一つの家庭で数名の子どもを預かるファミリーホームに委託されている児童は一二六一人である。数字の羅列になってしまったが、社会的養護の対象になっている子どもたちはおよそ四万五千人で、そのうち約十五％が里親やファミリーホームに委託されて一般の家庭の中でケアされている。残りのおよそ八五％が児童福祉施設でケアされていることになる。

Ⅱ　各種児童福祉施設の特徴について

(1) 乳児院

乳児院は、保護者が乳児を養育することが難しくなった時に保護者に代わって乳幼児を預かって育てる施設で、多くの場合、二歳台までの乳幼児が入院している。地方自治体が設置していることも多いが、福祉法人などの民間団体が設置していることもある。乳児院で職員との一定の愛着関係が形成されたり、親子関係の修復が進んだりしても、まだ家に帰せる状況になければ、幼児期に児童養護施設等に措置変更されることも多く、ケアの継続性という点で問題を残している。そのため、措置変更になった施設に乳児院で担当だった職員が出向く形でのアフターケアが試みられている。また、近年、乳児院と児童養護施設を併設して、一貫したケアを行う試みもなされている。

(2) 児童養護施設

児童養護施設は、第二次世界大戦以前から民間団体が設置していた孤児院や第二次世界大戦後に戦災孤児を収容するために自治体や民間団体が設置した施設が、一九四八年に施行された児童福祉法の下で養護施設と名称を改められ、さらに一九九七年の同法の改正で児童養護施設に改称された。名前の変遷からわかるように、以前は、両親が死去したり行方不明になったりしたために孤児になった子どもを保護する施設であったが、現在では、虐待やネグレクトのために保護されて児童養護施設に措置されるケースの方が多数を占めるようになった。児童養護施設は、親に代わって衣食住を提供するだけでなく、子どもをしつけ、教育を受けさせ、医療などその子どもが健康に育つために必要なサービスを受けられるようするという役割を担っている。さらに、現在では、親などの保護者との関係の修復や子ども自身の心理面へのケアも行ったり、里親候補者や里親への支援を行ったりするという機能も持つことが求められるようになった。具体的には、一九九九年度から家庭支援専門相談員（ファミリーソーシャルワーカー）及び心理療法担当職員の配置が予算上可能になり、二〇〇六年度には心理療法担当職員が常勤職として認められるようになった。さらに、二〇〇一年度から被虐待児個別対応職員の配置、二〇一二年度より里親支援専門相談員の配置が認められるようになった。児童養護施設の設置主体として、福祉法人などの民間団体も多いが、自治体が設置しているところも少なくなかった。しかし、現在では自治体から社会福祉法人に移管されている施設も増えている。児童養護施設は、かつては大舎制と呼ばれる大きな建物に二〇名以上の（時には百名を超える）子どもたちが大集団でケアされる場合が多かった。現在は、児童数が十三〜十九人の中舎制や十二人以下の小舎制でのケアが多くなっている。さらに定員六〜八名の施設内での小規模グループケア（二〇〇四年度から制度化された）や定員六名以下の地域小規模児童養護施設（二〇一〇年度から開始された施設形態で、正式な呼称ではないがグループホームと呼ばれることが多い）も認められるようになった。地域小規模児童養護施設は、多くは本体の施設とは別の場所に設置されて、広めの住宅くらいの小さい建物の中で三人程度の職員が五〜六人の子どもたちをケアするものである。児童養護施設は措置期間が長く、平均して四〜五年だが、十年以上措置されることもある。

（3）児童心理治療施設

児童心理治療施設は、心理的な問題を抱えている児童に対して、医療的な観点も取り入れて生活支援と心理治療を行う施設である。児童心理治療施設は、以前は情緒障害児短期治療施設（略称は情短）と呼ばれていたが、情緒障害という言葉が誤解を受けやすいということもあり二〇一七年度に児童心理治療施設と改称された。このタイプの施設は、一九六二年の児童福祉法の改正で設置が認められるようになった。保育士や指導員のほかに、臨床心理学の知識と技術を持つ複数のセラピストと児童精神科医が勤務していて、医学や心理学的な視点がケアの中心に据えられている点が他の児童福祉施設と大きく違っている。措置される期間（入所治療期間）は、数カ月〜三年の範囲である。児童心理治療施設にも虐待を受けた子どもたちが入ってくることが増えている。学校教育は、施設内の分教室や分校を持つ場合がほとんどだが、近隣の学校の普通学級、特別支援学級に通う場合もある。地域的には偏在していて、例えば、東京都にはこのタイプの施設がない。このため、東京都では児童養護施設の治療的な機能を高めるために、専門機能強化型児童養護施設を指定するようになっている。専門機能強化型児童養護施設は、治療担当指導員や嘱託の児童精神科医を配置するなどして、治療的な機能を高めることが求められる。

（4）児童自立支援施設

児童自立支援施設は、触法行為を行った子どもや触法行為をする怖れのある子どもを保護し、健全に成長できるように集団生活をしながら教育や生活指導を行う施設である。歴史的には、明治時代に池上幸枝や留岡幸助などの篤志家が非行少年などを保護し教育更正する施設を設置したことが始まりである。一九〇〇年に感化法が制定されて感化院と呼ばれるようになり、一九三三年に少年教護法が制定されて少年教護院に改称された。第二次世界大戦後、一九四八年に施行された児童福祉法では、教護院に改称された。そして、一九九七年の児童福祉法の改正で児童自立支援に改称された。このタイプの施設の多くは、北海道家庭学校などを除いて、自治体や国が設置している。小学校高学年から中学校の年代の子どもが措置されていることが多い。措置される期間は、通常は一年程度である。児童自立支援施設では、伝統的に既婚の職員が夫婦で住み込みながら子どもたちをケアする夫婦小舎制を用いるところが多かった。現在では、夫婦小舎制を維持している児童自立支援施設は四割を切っている。自立支援施設は開放処遇であるが一日の日課が決まっているため、多くの施設で分校や分教室が施設内に設置されている。

Ⅲ　児童福祉施設在籍児童の被虐待体験について

厚生労働省による児童養護施設入所児童等調査結果[12]（平成二七年一月）によると、児童福祉施設に措置されたり、里親に委託されたりすることになった理由は、親の死亡や精神疾患、行方不明、父母の不和、親の拘禁、放任・怠惰（ネグレクト）、虐待・酷使、経済的理由など多様である。虐待と言うことに絞ると、児童養護施設の子どもの五九・五％、児童心理治療施設の子どもの七一・二％、児童自立支援施設の子どもの五八・五％、乳児院の子どもの三五・五％が何らかの被虐待体験を持っており、里親委託の子どもは三一・一％が被虐待体験を持っていると報告されている。児童養護施設で被虐待体験を持つ子のうち、四五・〇％が身体的虐待を、四・一％が性的虐待を、六三・七％がネグレクトを、二一・〇％が心理的虐待を受けていると報告されている。これらは調査のデータであり、児童相談所や当該児童福祉施設が認識している虐待の割合である点に注意が必要である。さらに、施設内や里親の家庭内で虐待が生じることも希れではなく、このことも念頭に置く必要がある。児童相談所での虐待対応の件数が平成二八年度において一二二五七八件（速報値）に達していることを考えると、虐待を受けているが家庭に留まっているケースの方が多く、そうしたケースへの対応も重要な課題であろう。ただし、本書では、虐待を受けたケースを中心に児童福祉施設でケアされている子どもたちへの心理ケアのあり方について詳細に論じていきたいと思う。

3　児童福祉施設の子どもたちの心の発達

I　施設の子どもたちの生育歴の資料について

児童養護施設などの児童福祉施設に入所している子どもたちについて相談を受ける時に驚くことは、子どもたちがどんな乳幼児期を過ごしたか、どのような発達状況だったのかについて具体的な情報がほとんどないことである。児童相談所の社会調査や心理検査、診察などの情報は、児童養護施設側にも詳細なものが提供されているのだが、ほとんどは、どこで生まれたかや養育者の交代などの事実が述べられているだけで、生活状況、精神発達、外傷体験などについては、ごく簡単に述べられていることが多いのである。子どもたちがどんな乳幼児期を過ごしたかについては、親や祖父母などの協力が得られない場合や協力が得られても信頼できる情報ではない場合には、限られた事実と本人の記憶を通して推測するしかないという限界がある。

児童相談所は、二〇一八年度の資料によれば全国で年間十二万件を超える虐待事例への対応に追われている。新規の虐待事例の把握件数も公表している横浜市のデータを参考にすると、対応件数のうち、新規の事例が四割近くで四万件あると推定できる。全国の児童福祉司の人数は平成二六年度で二八二九人であるから、年間一人あたり十四件を新規に担当することになる。管理職になっている児童福祉司や初めて児童福祉司になる人もいるから、実際は一般の児童福祉司が対応する新規の児童虐待事例はもっと多いだろう。虐待以外の理由で児童福祉施設に措置されるケースもある。そうすると、細かな情報を取れないのはしかたがないのかもしれない。ただ、気になるのは、事件化した虐待の事実や婚姻や出生、転居などの事実関係だけを聞いていて、「子どもが何を体験してきたのか」や「子どもの心理発達はどうだったのか」という観点が不十分なのと、親自身や親戚の記憶を呼び起こす働きかけが不十分なこともあるように感じる。さらに、保育所の保育士・所長や幼稚園、小学校の教員、行政関係者、地域の民生委員・児童委員などで事情を知っていそうな人に聞く努力も必要だろう。保護や表面的な指導という観点だけでなく、親と子どもの両方の立場にたった共感的な聞き取りが必要なのである。その場合に、児童心理司の役割は大きいはずだが、児童心理司の多くは、子どもの面接と心理検査だけを任されていて、生育歴や発達歴の聴取にはかかわらないのである。児童福祉司に対する教育や研修も十分と言えない状況もある。忙しさのために、研修も受けられないということもあるだろうが、最初が肝心なので、児童相談所の新人には半年から一年間の見習い期間や研修を義務づけることを提唱したい。なお、日常の受理会議、判定会議、処遇会議などの際には、短時間で効率的な情報交換や事例の見立てができるようにカンファレンス進行の工夫をすることが求められるが、そのためには中堅やベテランの職員の聞き取りやアセスメントの技術の向上も求められる。中堅の児童福祉司や児童心理司も内部の先輩や外部の専門家の協力を得て、自分自身の事例の見立てについて振りかえる機会（コンサルテーション）を確保したいものである。

Ⅱ　子どもたちは何を体験してきたのか？

(1) 資料や観察所見から子どもが体験したことを思い描く

さて、上述したように情報が足りないことが多いのだが、子どもの心理的なケアに関わる人は、想像力と共感を用いながら、社会調査や心理検査、現在の子どもの生活状況、子どもとの会話、子どもの遊びなどから、その子がどんなふうに育ってきたかを思い描くことが大切である。様々な断片的な情報をつなぎ合わせながら、その子どもの育った家庭環境、そこでの暮らしの様子などについて、一定のイメージを持つことによって、私たちは子どもについての理解が深まり、子どもへの支援の方向を見定める際の基盤ができるのである。そして、その子どもと関わった後から出てきた情報や時々語られる子ども自身の記憶などによって、そのイメージはさらに明確なものになっていく。なお近年子どもが育ってきた歴史をともに振りかえる治療的なワークとして、ライフストーリーワークが注目されている。楢原の著作[13]を参考にしていただきたい。

(2) 養育状況の変遷

児童福祉施設に措置されるまでに、子どもたちは様々な大変なことを経験している。事実としてわかりやすいのは、親や他の養育者との別離、主要な養育者の交代、頻回の転居、家族構成の変化などである。生まれたばかりか数カ月以内で母親がいなくなったり、生まれる前から父親がいなかったりする経験のある子どもは、自分がこの世に歓迎されて生まれてきたという確信が持てないであろうし、生きている基盤そのものが揺らいでいるだろう。乳児院に入った後、幼児専門の児童養護施設に移り、さらに小学校入学時に児童養護施設に移った子もいるし、乳幼児期に何度も乳児院や児童養護施設に数カ月措置されては自宅に戻り、また措置されるという経験をしている子もいる。そうした子は、関係を作っては引き裂かれて、誰を頼ってよいのかわからないだろう。

(3) 養育する大人の感受性

養育環境の問題として、養育者の感受性の問題がある。親などの養育者が子どもの心の動きを察知できないことや、子どもの不安や苦痛を和らげ、喜びを増すような対応ができないということである。専門用語を使うならば、情緒的応答性（Emde, R. N.）やピーター・フォナギーらの言うメンタライゼーション（自分や他人の心の働きを理解すること）の力が低い大人に育てられた場合に、子どもはどうなるだろうか？　養育者自身が精神疾患や発達の障害があるために、子どもを可愛いとは思っても、子どもの欲求を察知して心の動きを思い描くことが難しいことがある。過酷な環境で育ったために、子どもの気持ちを理解することが難しい養育者もいるだろう。子どもが自分をわざといじめる存在のように感じることさえある。経済的に余裕がないことや養育者自身の夫婦関係がうまくいかないために、彼らの心の余裕を失わせて、そのために子どもの心の動きに気づかない場合もあるだろう。

子どもの欲求や気持ちの動きがわからないと、子どもは欲求不満の状態になり、楽しい時間をすごせなくなり、結果として泣いたり怒ったりすることが増えてしまうだろう。養育者側は、その子どもが育てにくい子と感じることが多くなるかもしれない。こうして養育者と子どもの間には、お互いに欲求不満やストレスを強めるような悪循環が生じることになるかもしれない。あるいは、子どもの側が親の世話をする役を引き受けて、自分の欲求は抑え込んでしまう場合もあるだろう。いずれにしても、養育者の感受性が低いと、子どもの情緒は分化して行かないし、自分の気持ちを理解し、それを相手に伝えるというコミュニケーションの力も育たないかもしれない。あるいは、子どもは、自分自身の気持ちを大切にして、自分らしい生き方を探すこともできなくなるかもしれない。

(4) 発達段階にふさわしい関わり

養育者自身の養育体験の問題や心の病理、生活の余裕のなさや知識不足によって、日々発達していく子どもに対して、その年齢にふさわしい関わりやしつけがなされないこともあるだろう。日々の生活に追われて、細かな生活の世話は年長の子どもや高齢の曾祖母に任せられることもあるだろう。余裕のない状態では、養育者のメンタライゼーションの力が落ち、本来、まだ十分に自分のことができない子どもがものをこぼすなどのちょっとした失敗をしたことが許せないこともある。親になるまでに子どもが育つ様子を見ていなかった養育者も増えている。子どもがどのくらいになるとしゃべり始めて、どのくらいになると複雑な言葉を理解するようになるのか、小さい子が言葉による指示やお説教を理解できるのかなどについて、明らかに理解していない養育者もいるのである。逆に、養育者が、まだ言葉の出ていない赤ん坊には言葉で話しかけても無駄と思っていることもあるかもしれない。こうした発達段階に沿って適切な刺激を与え、自律を喜び、先に進む不安を和らげるのが養育者の役割だが、それがなされないと、子どもはその年齢で当然身につけておくべきこと、例えば、幼稚園の年中になっても、排泄を自分ですることや食器を使うこと、衣服を着たり脱いだりすること、言葉をコミュニケーションの手段として使うこと、他の子どもと遊ぶことなどができないかもしれない。子どもの自尊心は、こうしたスキルを身につけていく中で育つものである。こうしたスキルが身につかないと、子ども同士の対人関係も広がっていかないだろう。

(5) 生活の構造

さらに、養育環境において、世代間境界があいまいかもしれないし、日常生活の構造（生活リズム・役割分担・部屋の使い方）がきちんと作られていない場合もある。物理的な環境の問題について言えば、虐待やネグレクトが行われている家庭を訪問すると、食事する場所や夜に寝る場所がはっきりせず、生活が目に見える形で構造化されていないことが少なくない。もっとも、希ではあるが、異常にきれいに掃除されて、完璧に整理されていて、違和感を与える状況の家庭もある。こうした生活の場の問題は、家庭の中の世代間の境界のあいまいさや大人と子どもの役割の逆転なども関連していることが多い。父親の不在で、母子が密着しているように見えて、実は子どもが母親を世話していることも希ではない。夫婦の性生活が子どもの見ている所で行われることもあるかもしれないし、持ち物の所属もはっきりしないこともある。そういう中で育った子どもは、自分と人の持ち物の境界線がわからないし、物を大切にする気持ちも育ちにくいだろう。そもそも自分の心の中の家族のイメージも混沌としているし、自分自身のイメージも混沌としてしまうこともある。

(6) 連続性・規則性の体験

養育環境の中で、連続性や一貫性、それに規則性の体験の不足という問題もある。すでに述べたように、養育者と別離したり、養育者が頻回に交代したりしたために、その子の体験を繋いでいく大人がいないということは、自分の人生がひとつながりであり、自分が一貫している存在であるという感覚も育っていないかもしれない。朝起きて朝食を食べて、昼間に働き、夕方に帰ってきて、夕食を取り、入浴をして、夜は寝るというような、人として当たり前の生活のリズムも、失われている家庭もあるだろう。養育者自身が夜に仕事に行くことや遊びに出かけて子どもだけで過ごしている家もあるし、父親と母親の生活のリズムがずれている場合もあるだろう。養育者自身が規則的な生活ができていないこともあるかもしれない。規則的なリズムの中で生活することは、生活に見通しを与え、安心感をもたらすだろう。安定した生活の中で私たちは情緒的に安定し、自分自身や他の人の体調や気持ちの変化に気づくようにもなるのである。こうした生活の基盤となるリズムや連続性のない世界を私たちは想像しがたいのであるが、児童福祉施設にいる多くの子どもたちは、そのような場で育ってきたのである。

（7）衣食住の環境

すでに生活の構造のところで述べたように、施設にいる子どもたちが育った家は、多くの場合、古く狭くて、プライバシーが保ちにくい構造になっている。その家は、地域の中で孤立している一戸建ての家のこともあるが、公営住宅の一角であることも多く、中には風俗営業の従業員のための宿舎だったり、親が働いている会社の敷地の小屋に住まわせてもらったりしていることもある。中には、しばらく自動車の中で生活していた子どももいるだろう。もちろん、資産がある家や裕福な家から措置される子どももいないわけではない。子どもを育てるのに苦労しているはずの家で、犬や猫がたくさん飼われていることもある。ねずみが走り回っている家や、いわゆる「ゴミ屋敷」状態の家もある。

食事は、時間的にも不規則で、手作りのものが少なく、インスタント食品やコンビニエンスストアの弁当やスーパーマーケットの惣菜などで済まされている家もある。親が二〜三日留守をする家で、幼稚園や小学生の子どもが冷蔵庫に残っている物やインスタント食品を作り、食べていることもある。深夜に親たちが酒を飲むそばで食事をしていることもあるかもしれない。食事が十分に与えられておらず、保育所や学校の給食をたくさん食べる子もいる。食事をする場は、楽しい交流の場ではなく、一緒に食べたとしても養育者の顔色を見ながら食べなければならないかもしれない。

着ている服が洗濯をあまりしてもらえず汚れていて周囲で臭いを感じるような子どももいるし、季節に合わない服を着てくる子どももいる。

衣食住の様子は、いわゆるネグレクトの状況を反映していて、子どもとして当然受けるべき身体面のケアや生活面のケアが不足していることを知る重要なてがかりを与えてくれる。保育所の保育士や自治体の保健師などが、こうした状況を把握していることが多い。養育者が知的な障害を持っている時などは、子どもを大切にしたい気持ちがあるのだが、ケアが結果として不足しているケースもあるし、経済的には苦しくない家なのに、その子だけ十分なケアを受けていないこともある。もっともネグレクトを受けた子どもがすべてセルフケアができないわけでもない。自分で生活の場を整えるしかない環境に育った子の中には、意外に几帳面できれい好きな子どもがいる。どのような時期にネグレクトを受けたのか、親（養育者）自身がどの程度のケアを提供していたのか、その子の知的な能力などによって、セルフケアの能力は異なってくる。

子どもが何を体験してきたかという項目の中で、児童虐待やネグレクトは当然重要なものだが、子どもの心への影響も非常に大きい問題であり、次の節で詳しく述べる。

Ⅲ　児童虐待について

（1）児童虐待の種類

児童虐待は、身体的虐待、性的虐待、心理的虐待、それにネグレクトの四つに分類される。

身体的虐待は、生命や健康に関わる様々の暴力を加えることである。例えば、殴る、蹴る、投げ落とす、熱湯をかける、溺れされる、逆さ吊りにする、縛り付ける、冬に戸外に放置する、食事を全く与えないなどの行為が身体的虐待に含まれる。その結果、打撲傷、内出血（あざ）、骨折、刺傷、やけど、脳挫傷などの外傷を受けることもある。

性的虐待は、子どもの年齢にふさわしくないか、もしくは子どもの望まない性的行為をさせたり、性的行為を見せたりすることである。例えば、子どもの性行為の相手にする、強姦する、性的行為を強要する、子どもに性器や性交を見せる、ポルノグラフィのために写真や動画などの被写体にするなどの行為が性的虐待に含まれる。

心理的虐待は、暴言や差別などにより心理的外傷を与えることである。子どもを脅かしたり、無視したり、拒否的に接したり、子どもが傷つくことを繰り返し言ったり、他の子どもと著しく異なった扱いをするなどが、心理的虐待に含まれる。

ネグレクトは、養育する人が怠慢や拒否などにより、子どもの心身の健康を守るために必要な関わりや必要なものを与えないということを意味する。子どもを登校させない、子どもに必要な医療を受けさせない、子どもを家の外に出さない、適切な食事を与えない、衣服を洗わず不潔な状態のままにする、不潔な環境で生活させる、家や自動車の中に放置する、長い時間子どもから離れて放置するなどがネグレクトに含まれる。

児童相談所の統計では、身体的虐待、ネグレクト、心理的虐待が多く、性的虐待は比較的少ない。ただ、性的虐待は発見しにくく、数字に表れているのはその一部かもしれない点に注意が必要である。

(2) 児童虐待の加害者

虐待を行う人は、両親や親に代わって養育する大人だけではなく、兄弟や親戚、親の愛人や友人、施設の他の子ども、施設の職員、保育園の保育士、学校の教師、里親などによる虐待もある。とは言え、児童相談所の統計では、虐待を行う人の中で、実の親（父母）が一番多く、ついで継父母や養父母である。

子どもの虐待の加害者と言っても様々である。自分自身がネグレクトを含む虐待体験をしている人が虐待の加害者にもなりやすいということが言われているし、実際に児童福祉施設に措置された子どもたちの親自身が虐待体験を持っていることは多い。しかし、虐待を受けた人のほとんどが養育者になった時に虐待をするわけではないだろう。加害者自身の養育体験の他に、加害者自身が統合失調症や物質依存などの精神疾患やパーソナリティ障害を持っていて正常な精神状態でない場合や知的障害や自閉スペクトラム症などのいわゆる発達障害を抱えていることが虐待に関連していることはあるだろう。さらに、経済的な困窮や社会的な孤立が関連していることもあるかもしれない。二十一世紀は、経済がグローバル化し貧富の差が拡大しているが、貧困ということは虐待の大きな要因になっているだろう。貧困のために長時間の労働に夫婦で従事しなければならないことや保育機関を利用できないことが、ネグレクトにつながることもある。生活に余裕が無いことで、養育者が精神疾患を患っていなくても、怒りっぽくなり、子どもを子どもとして尊重できない精神状態に追い込まれることは想像に難くない。虐待は裕福な家庭でも起きることであるし、所得の低い家庭でも幸せに暮らせることもあるだろうから、貧困だけが虐待の原因と言っているわけではないが、それでも貧困が背景にある虐待は少なくない。十八世紀以降、欧米、ついで日本で産業革命が進展して行く中で、子どもが過酷な労働環境におかれることになった。昭和八年に制定された旧児童虐待防止法の成立の背景にあったのは、そのような社会状況であった。二十一世紀に入った現代においては、発展途上国では子どもが教育を受けられずに労働の担い手になっている一方、先進国と言われていた国々では、貧困が広がり、それが家庭内の子どもの虐待の発生に寄与していると考えられる。以上述べてきたように、虐待という現象は、その内容も多様であるが、その背景にある要因も多面的である。

(3) 児童虐待への対応

すでに述べたことだが、児童相談所が毎年対応している児童虐待の件数は、年々増加の一途とたどっており、平成二八年度には一二二五七八件に達している。これは各都道府県および政令指定都市の児童相談所で対応した件数であり、市町村などの自治体の児童福祉担当課や子ども家庭支援センター、児童福祉施設に併設された児童家庭支援センターなどが把握し対応しているケースすべてが包含されているわけではない。この数字は、一九九〇年度においてはわずか一一〇一件だったのである。当時は、いかに児童虐待ということへの認識が薄かったのかがわかる。

児童虐待やネグレクトの可能性が高い事例を認識した場合には、一般住民であっても速やかに地域を担当する児童相談所や自治体の福祉事務所に通告することが義務づけられている。通告は直接でもよいし、地域の児童委員を介して間接的に行ってもよい。匿名の通告も可能である。こうした通告や、子ども本人、親、関係者からの相談という形で、深刻な例や緊急な対応が必要な例は、基本的に児童相談所が対応することになっている。そして、児童相談所は、その子どもを現在の養育環境にいる状態で対応を考えるか、家庭から離して一時保護するかの判断を行う。一時保護は、児童相談所の一時保護所に入ることが多いが、病院、児童養護施設などの福祉施設に一時保護を委託することもある。一時保護は、通常は二カ月以内と決められているが、諸事情により延長されることも少なくない。一時保護中に家庭状況などの児童福祉司による社会診断（社会調査）や保護所職員による行動診断、児童心理司による心理診断（心理判定）と医師による医学診断が行われる。このように一時保護された子どもを中心に虐待や経済的な理由で現在住んでいる住居に帰せないという判断がなされると児童福祉施設への措置や里親委託が検討される。施設に入所の措置を行う場合や里親への委託の措置を行う場合に、親権を持つ養育者の同意が得られない場合は、児童福祉法第二八条に基づいて、家庭裁判所への申立が行われる。当該家庭裁判所が承認すれば、措置が可能になる。

以上のような流れで、子どもたちは児童福祉施設にやってくる。施設になぜ行くのかについての説明は児童相談所の担当児童福祉司が行う。説明の内容は最終的には児童福祉司の判断によるので、十分な説明が行われていないと思われるケースもある。子どもがなぜ児童福祉施設に行くのかについての説明に加えて、本来は、どのくらいの期間いることになるのか、どのような条件が満たされると家庭に帰れるのかを伝えるべきであるが、措置される時点では明確に伝えられないことが多い。児童相談所によっては、家庭への復帰（家族再統合）の見通しが立てられるケースでは、養育者と子ども本人に、家庭復帰までの道筋やその条件が伝えられることもある。しかし、すべての児童相談所でそのような対応がなされているわけではない。

（4）児童虐待の子どもに与える影響について

児童虐待がどのような影響を子どもに与えるのかということについて、データに基づいて論じることは、私のような一臨床家には困難な課題であり、本書の目的からもはずれるだろう。ここでは、おそらく、このような影響があるだろうということを以下に述べる。つまり、虐待やネグレクトだけでなく、前節で述べたような様々な養育環境上の問題や乳幼児体験も含めた影響について述べていく。私は、子どもたちの過去についてよく知っているわけではなく、虐待やネグレクトや養育環境の様々の問題を体験している子どもたちの現在を診ている医師に過ぎないからである。

身体的な虐待を受けた子どもは、夜に悪夢を見たり、夜に起き出して泣いたり騒いだりする夜驚症のようになることは多いように思う。ちょっとした物音に驚いてびくっとしたり、怖い表情を診たり大声を聞いて凍り付く反応（フリーズ行動）が見られることもある。外傷後ストレス障害（ＰＴＳＤ）様の症状を持つ子もいるだろう。施設が安心できる環境になり、養育者や他の子どもからの虐待が続いていなければ、時間と共にこうした症状は軽くなっていくことが多い。それから、身体的な虐待を受けた子どもが痛みを感じにくかったり、痛みを感じている自分を離れてみている自分がいるように感じたりすることがある。一種の解離症状とも考えられる。こうした外傷的体験（トラウマ）による症状のほかに、虐待された場面を自分が加害者になった形で遊びの中で再演することや、現実に他の子どもをいじめる行動が見られることも多い。自分が立場を逆転させることで、自分の無力感や惨めさを感じなくて済むための行動とも考えられる。こうした行動を示すのは男児が多い印象がある。そして、身体的虐待を受けた子どもが虐待をした人（多くは父親か継父）を格好良いと感じたりすることもある。もちろん、虐待を加えた人をひどく嫌悪し、もう会いたくないという反応を示す子どもが多いのではあるが、虐待をする人への同一化は珍しいことではない。

心理的虐待の場合には、ＰＴＳＤの症状を示すことは少ない。ただ、子どもに対する否定的な言動を受け続けたり、露骨に差別されたりする体験によって、内面は深く傷つき、自尊心が低下している子どもは多い。自分が悪い子どもなのだと思っている子もいるし、生きている価値がないのだと感じている子も多い。前青年期から青年期前期の年代になると自傷行為をするようになる子もいる。中には、もう少し深刻な自殺企図を繰り返すようになる子もいる。心理的虐待を受けていた子どもが、惨めさを回避するためか、「能力が高く容姿が優れていて万能の自分」が活躍するという空想にふけることもある。もっともこうした空想は、心理的虐待を受けた子どもに限らず、発達障害を持つ子や自尊心が低く、活躍する場がないと感じている子どもたちには、時々、見られることである。

性的虐待は、女児が経験することが多いが、男児も性的虐待を受けることは少なくないことに注意が必要である。特に施設内の男児に対する性的虐待は、同じ施設の他の男児や男性職員によるものが少なくない。虐待の世代間連鎖のように先輩から後輩に伝わっていく場合もある。性的虐待を受けた女児の場合、男性への恐怖心や性体験への嫌悪感を示すことが多い。きちんとした社会的に地位にある親からの性虐待は、その子どもの親イメージの中で尊敬できる部分と嫌悪すべき部分・悪い部分との統合が難しく、解離症状を起こすこともある。自殺未遂や自傷行為を繰り返す子もいる。一方、性虐待を受けた女児の中には、むしろ異性や性への関心が高い子もいる。性非行に走る女子の中で性的虐待などの性被害体験を持つ子が多いというデータもある。しかし、このような場合に、表向きは性的なことを嫌悪していないように見えるのだが、内面は深く傷ついていることがあり、自分の惨めさを打ち消すような意味で異性に近づくこともあるし、誰か自分を受け止めてくれる存在を求めて性を媒介として依存できる異性を探すこともある。

ネグレクトについては、すでに本書の「子どもたちは何を体験してきたのか？」という節で少し述べているが、もう少し付け加えておきたい。きちんと世話されず、いろいろなことを教えてもらえていないということが子どもの脳と心の発達に与える影響は大きいと考えられる。ネグレクトの背景に、親の側の情緒応答性の問題や親自身がきちんと養育されていなかったという問題があり、子どもは、親を信頼することができないし、安定した愛着も形成されない。愛着のタイプは、回避型の時もあるが、両価型や混沌型のこともあるだろう。もちろん、安定した愛着が形成されないのは、ネグレクトだけではなく、虐待を受けた子どもに共通した問題でもある。ネグレクトを受けた子の中で、自分自身について無関心で、きちんとした生活をしようとする態度が見られない子もいる。ただ、ネグレクトを受けている中で、自分なりに自分の身の回りを整理してきた子の中には、奇妙にきちんとして几帳面な子もいるので、ネグレクトを受けた子がきちんとしていないとは、一概に言えないことではある。

こうしたことを数多く体験していると考えただけでも、彼らが育ってきた養育環境は、非常に過酷なものであったと想像できるだろう。しかし、大変だったということを知ると同時に、それでも子どもたちの親や周囲の大人が時々かけがえのない体験を提供してくれることもあっただろうことも忘れてはならない。このような子どもたちが、逆境にもかかわらず、生きる希望を失わずに何とか生き延びてきたという事実に、私たちは敬意を払う必要がある。虐待を体験をしたことの影響は大きいが、それにもかかわらず、この子たちにもレジリエンスはあるということである。私たちは、この子たちの中に回復する力や生きる希望があるのだと信じて関わっていくしかないのである。もちろん、このような施設の子どもたちへの支援や心理ケアは生やさしいものではなく、何年も、場合によっては、何十年もかかる仕事なのだと覚悟する必要がある。

Ⅳ　施設にいる子どもたちが必要としていること

（1）愛着対象や自分を受け入れてくれる対象を求める気持ち

十数年前、神奈川県にある「唐池学園」という児童養護施設を心理学科の大学生と一緒に見学に行ったことがある。その施設は、一〇人以内の子どもたちを二人の職員が中心になってケアをする体制を整えていて、それぞれのケア単位（小舎）を「〇〇の家」と呼んでいた。長年、そこで働いているベテランの保育士の野原さんから施設の説明を受けた。児童精神科医との交流もあり、子どもへの目差しは優しい人だった。自傷行為を繰り返し、性的逸脱行為もある女児が退所することになって、その前に一週間くらい二人だけで一週間旅行に行った話や、その「家」にいる子どもが「野原さんはおうちにいて何で働かないの？」と聞いたエピソードをうかがった。それから、お昼の食事を一緒に食べさせてもらったが、何か、子どもたちの食事の予算から頂くようで心苦しかった。その後、一時間あまり子どもたちと遊んで見学が終わった。見学が終わった時、何人かの子どもたちが私たちに抱きついて生きて、抱っこをせがんだ。抱っこしてよいものか一瞬迷ったが、私たちは抱っこをした。その子たちは、日本の児童養護施設の中ではレベルの高いケアを受けていた。職員さんたちも子どもたちを熱心にケアしていたし、子どもの甘えや傷つきも理解してスキンシップも心がけていたと思う。それにもかかわらず、その子たちは見学に来た人たちに抱きついてきたのである。私は、少し悲しい気持ちになった。見ず知らずの見学者にでも、抱きつくのは心理学の専門家が見たら「無差別な愛着」とか「脱抑制型対人交流障害」のためだと言うかもしれない。でも、子どもたちは全く無差別に抱きついたのではないと今は思う。見学して一緒に食事して遊ぶ様子をみて、この人たちは大丈夫だし抱っこを受け入れてくれると判断したのだと思うので、「無差別」や「脱抑制」ではないのだと思うのである。ともあれ、施設入所中の子どもたちは、対象希求が強く、愛着への特異的なニーズを持っていることは確かである。彼らは、安定した愛着対象や自分をずっと見守る対象を求めている。

児童福祉施設にいる子どもたちは、ケア担当職員との間で愛着を再形成する必要がある。それは安心させてくれる存在を求めている。でも、それだけではない。自分という存在を全体として受け入れてくれて、自分の中の隠れた本当の自分（true self）を見つけ出してくれる存在も必要としているのである。彼らは、不安な時に側に寄りたい存在以上のもっと能動的な対象を求めていると言える。施設に入った子どもたちは、多くの子どもたちと生活を共にしていて、今でも十分な個別ケアを受けられないことが多い。そこで、さきほどのような見学者への抱きつきもみられるのかもしれない。また、施設内の他の子どもとの間には同胞葛藤と似た葛藤が生じる。そっちの子どもではなく、自分を見て欲しいし、自分を世話して欲しい。自分が、その職員にとっての一番になりたいのである。だから、職員に子どもがいるかどうか、女性の職員であれば、妊娠しているのかは子どもたちの大きな関心事である。

（2）発達支援の必要性

児童福祉施設にいる子の中には勉強の成績もよくて運動もでき器用な子どももいるが、一般に、知的な能力が低かったり、不器用だったり、体育が苦手だったりして、使える内的資源や才能が少ない子どもが多い。交流できる親戚や学校以外の活動の場などの外的資源にも恵まれていない。彼らの内面では、否定的自己イメージが優勢であり、自尊心が低い。子どもたちには、学習面や運動面、対人関係や社会性の獲得の面など多面的に発達を促す支援が必要である。

児童福祉施設には、学習の習慣が身についていなかったり、知能が低めだったりするため、小中学校で特別支援学級に在籍することになる子どもも多い。だから、学習についての個別支援も必要なのである。知能が低めで入所してきた子どもが、徐々に知能が高くなることもあり、素質的な物だけでなく環境要因で知的能力が伸びなかったと思われる子も少なくない。運動や物を作ることや音楽への支援も必要なことがあるだろう。学習は苦手でも、スポーツや音楽やダンスなどが好きで、きちんとそれらの競技や楽器を習う機会を得て、生き生きとした様子になり、その後、本当にスポーツ選手や音楽家になる子もいるのである。学習や運動や音楽などへの支援が、その子の自尊心の回復や社会性の獲得につながる場合もあるだろう。

もちろん、対人関係や社会性の向上のためには、上述した職員との間の安定した愛着関係や家族との関係の修復も必要だろう。しかし、それだけでは不十分で、心理療法を長年担当するセラピストがずっと定期的な心理療法の中で関わり続けることが役立つことがある。もちろん、権威を持った施設長の存在や直接生活ケアを担当しない調理師や栄養士、事務職員などの存在が意外に大きな意味を持つこともある。子どもたちは、乳幼児期や学童期に必要なケアを受けられず、寂しい思いをしているが、その寂しさや発達上の欠損を、スキンシップや欲求を満たす形のケアだけで埋め合わせしようとするのは危険な面もある。赤ん坊時代に得られなかったことや寂しさを理解はするが、赤ん坊時代の出来事をなかったことにすることはできないし、ゼロから育て直すこともできない。ゼロからの育て直しではなく、欠けている部分を理解しながら、将来に向けて必要な支援をするという姿勢でケアすることが大切である。経験できなかったことは、どこかで諦めをつけなければならないし、ここでしばらく生きていくという覚悟も必要である。

（3）青年期前期・思春期（以下思春期と略す）の発達課題への支援

児童福祉施設の子どもたちのかかえる心理的問題の起源は、乳幼児期にあることは確かである。しかし、青年期に到達した子どもたちについては、乳幼児期の体験と関連したニーズだけを満たそうとするだけでは適切な心理的な支援とは言えない。彼らも、養育環境に恵まれた子どもたちと同じように思春期固有の発達上のニーズと心理特性を持っている。思春期には、養育者（親）から分離し個体化して行く必要がある。攻撃衝動や性衝動が急に高まる思春期には、性的な刺激を与える存在（異性の養育者、同世代の異性）とほどよい距離を保つことが必要なのである。両親の干渉に対しても敏感になる。しかし、まだ、親への依存からすっかり抜け出せるわけでもない。基本的に、養育者（親）との関係は両価的であり、親との関係は葛藤的になる。親との分離に伴う不安や身体の変化への不安、衝動の高まりという思春期の危機を乗り切るためには同性の仲間との親密な関係が重要であり、家庭と学校の使い分けも必要である。適度な自己愛傾向も思春期には必要である。思春期には、メンタライゼーションの能力も一過性に低下する。衝動（欲動）の高まりや身体の変化に伴う「さなぎ」の時期とも言える。その時期の若者は、言葉数が少なくなり、大人には「別に」「普通」「キモイ」「ムカツク」といった単語しかしゃべらないこともある。

児童養護施設入所中の思春期の子どもたちにおける心理ケアにおいて、乳幼児期の養育環境に恵まれなかった子ども特有のニーズと思春期固有の発達上のニーズとの間にジレンマが生じやすい(2)。愛着対象を求め、ずっと甘えていたい気持ちもありながら、気難しく反抗的になり、養育する職員と距離を保ちたい側面もあるというジレンマである。それが彼らへの心理的な支援の難しさでもある。特に思春期に入ってから入所した子どもの場合、職員との愛着関係が成立しないまま、大人への反発が高まり、多様な行動上の問題を起こした場合に、対応に苦慮することになりやすい。自分の生まれた理由や生きている意味への問いかけと思春期の性衝動の高まりが絡み合って、性的行動化が増えることもある。また、母性的なケアが優勢な児童養護施設の弱点をついた形での集団的な反社会的行動も起きやすく、施設全体のケアを危機に陥れることもある。このために、思春期病棟への入院や児童心理治療施設、児童自立支援施設への措置替えが必要になることも多い。地域の中でそうしたより堅固な構造を持った治療的施設との連携は不可欠である。しかし、それらの施設が地域によっては整備されていないか力量不足という現実もある。

さらに思春期の後半（青年期の中期）になると、児童福祉施設の子どもたちは、今度は、自分がこれからどのような道を歩んでいくのかを模索するという課題に直面する。特に児童養護施設は、比較的長くその施設で過ごす子が多く、理想的な養育環境とは言えないが、衣食住の心配はなく、見守る職員もいる。十八歳になるとそのような相対的には安全な環境から原則的には出て行かなければならないということになる。どちらかというと幼く社会的な経験が乏しくて、乳幼児期の課題を抱えていた若者が、急に世間に放り出されることになるのである。自分がどんな仕事をして、どんな場所に住んで、誰を頼りにしていくのか、自分が男性として、あるいは女性としてどのような生き方をしたいのか、ということを考えないといけない。昔に比べて奨学金制度も整備されてきたとは言え、普通の家庭の子どもとは違って、大学や専門学校に行って大人になる前に猶予期間を持つことができるケースは少ないのである。

4　児童福祉施設の子どもたちの心の病理

I　愛着の障害

児童福祉施設に措置される子どもたちがどのような体験をしてきたのかを考えると、自分が不安になった時に近づく対象が定まっていなかったり、そうした対象との関係が安定しなかったりするということは当然のことである。彼らには、一定の安定した大人たちが側で見守り世話をするという赤ん坊にとって必要な体験がなかったり、あっても短期間であったりするのである。実験的な設定で幼児が母親との分離と再会にどのような反応を示すかを分析したエインズワースの研究によって、子どもの愛着のパターンは、安定型、回避型、両価型、混沌型などに分類されている。ただ、こうしたパターンは、相手によって、あるいは時期によって変化することもある。大雑把には、困った時や不安な時に、信頼している大人に接近することができ、ふだんも安定した関係を結べる安定型なのか、そのような時に大人に近づけなかったり、近づけたとしても不機嫌だったり、困らせたりするような行動を取ってしまう不安定型なのかという区別くらいで十分であろう。そして不安定型の愛着が続いている子には、精神医学的には、信頼できる大人に近づけない「反応性アタッチメント障害」か、無差別に大人に近づいて甘えてしまう「脱抑制型対人交流障害」という診断がなされる。施設に入った頃には、大人に近づこうとせず、回避型あるいは反応性アタッチメント障害の状態であった子どもが、やがて誰にでもべたべた甘えるようになって脱抑制型対人交流障害になることはあるし、その後のケアの中で、長く関わってきた職員に対して安定した愛着パターンを示すようになる場合もまれではない。職員と長い付き合いか、短い付き合いか、ベテランか新人か、男性か女性か。厳しい人か優しい人かなど、関係性や職員の属性や個性によって子どもは態度を変えることも珍しくない。これを「使い分けている」と表現してもよいのかもしれないが、自己中心的に意図的に使い分けているとは限らないので、こうした表現には注意が必要である。

表現について言えば、愛着形成や外傷体験との関連で、児童福祉の業界で時々聞く言葉に、「試し行動」という言葉がある。この言葉の起源を調べたことがあるが、児童青年精神医学や心理学の領域では、英文論文も含めて試し行動を論じている論文を探し出すことができなかった。唯一、青年期の境界例（境界性パーソナリティ障害）の治療を実践し研究したアメリカのジェームズ・F・マスターソンの『青年期境界例の治療』という本の中で、「試し testing」という言葉が使われていた。境界例患者が入院治療の時期に治療者が本当に自分を理解し、治療し、見捨てないかを確かめる意味で、様々の行動上の問題を起こすことを「試し testing」とマスターソンは表現した。この言葉が児童福祉の世界に持ち込まれたのかもしれない。いずれにしても、児童福祉施設に来た子どもが、自分のことを受け入れてくれるのか、本気で自分を守ってくれるのかを確かめるように見える行動をとることはあるだろう。ただ、職員を困らせる行動や気を引くような行動すべてを「試し」という言葉で表現すべきかどうかは注意が必要である。その行動は、子どもの本来の愛着パターンに根ざしていて、試すという意味合いは薄いかもしれないし、一種の虐待の再演として攻撃的な行動を示しているのかもしれない。「使い分ける」も「試す」も、あるいは「振り回す」といった言葉は、使い方によっては、子どもの行動にマイナスの意味づけをしてしまうこともあるので、よく考えずにラベルを貼るように安易に使わないようにしたいと私は思う。

Ⅱ　外傷（トラウマ）体験の影響

外傷（トラウマ）という言葉を心理的な意味で使い始めたのは、精神分析という治療方法の創始者であるジクムント・フロイトである。心理的という意味を協調するときには、日本では心的外傷と表現することもある。もともとトラウマは身体的な傷を意味する医学用語だったのである。最初は、戦場での恐怖体験や性的虐待による恐怖体験を意味する言葉としてフロイトは使ったのであるが、現在では、生命の危険を感じさせるような圧倒的な恐怖体験を外傷体験と呼び、戦争体験や性暴力の被害体験の他にも被虐待体験全般や犯罪の被害体験、災害の被害体験でも圧倒的な恐怖の体験であれば、外傷体験（トラウマ）と呼ぶようになっている。

子どもが児童福祉施設に入ることになるきっかけが、こうした外傷体験であることは少なくない。

すでに述べたような被虐待体験の他に、自然災害や交通事故などの人災や犯罪事件で身内を失った時に心的外傷を経験することもある。片方の親がもう一方の親を殺してしまうというような体験をして児童福祉施設に入る子どももいる。外傷の影響は、客観的な出来事の大きさや悲惨さだけで決まるわけではない。その体験が、子どもにとって主観的にどのくらいの衝撃になるのかを決めるのは、外傷体験の内容だけではない。例えば、性暴力を受けた女児の場合、それが信頼していた親や兄弟からの性暴力なのか、見知らぬ他人なのかで意味が違うし傷つき方も違う。身近な人が加害者であるほど、一般的には影響が深刻である。自分の親が殺される事件を目撃したとしても、その現場に行った理由が子どもから親にその場所に行こうと言ったためであるなら、子どもは恐怖体験と同時に自分を責めるかもしれない。

外傷体験の中でも、同じような外傷体験を繰り返し経験する身内からの虐待は、一回だけの外傷体験より深い影響をその子どものパーソナリティ発達に及ぼすことが多いと考えられる。そうした外傷体験の影響は、外傷後ストレス障害の症状だけではない。自尊心の低下、他者への信頼感の低下、根拠のない罪悪感、愛着パターンの歪みなど、様々の影響が起こるものである。心理的な要因による記憶の喪失である解離性健忘やいわゆる多重人格を示す解離性同一症が、虐待を受けた人には多いと言われている。ジュディス・L・ハーマンが提唱した複雑性心的外傷後ストレス障害（複雑性PTSD）という概念があるが、虐待を受けた子どもは複雑性PTSDの状態にあると言えるかもしれない。別の見方をすれば、彼らは、パーソナリティの発達上の問題を抱えているとも言えるだろう。いずれにしても、その場合、通常のPTSDの治療では、十分な効果が得られない可能性が高い。単一の外傷体験は、多くの場合、時間の経過とともに改善するし、眼球運動による脱感作と再処理法（EMDR）や思考場療法（TFT）あるいはトラウマに焦点づけられた認知行動療法（TF-CBT）などの心理治療が有効と言われている。こうした方法は被虐待体験にも応用されているが、単一の外傷体験に比べると難しさがある。継続的な児童虐待の被害を受けた子どもたちは、典型的なPTSD症状を持っていないこともあるし、自分の心を分割していて、自分が傷ついてなどいなくて万能で強い存在であるような空想をしていることがある。そのような空想をすることで、自分の無力感や悲しみや怒りはなかったことにされてしまう。自分が万能であるという空想をすることができないくらい小さい頃に持続的な虐待を体験した場合や、発達の障害がある場合などは、空想ではなく、高揚した奇妙な意識状態だけを示す場合もある。その意識状態では、異常にテンションが上がっていて、「ケラケラ」「ゲハゲハ」笑い続けるなど心がどこかに行ってしまっているようで、周囲の人との気持ちの交流は絶たれているという印象を与える。その他、慢性の虐待を受けていると、自分の感情や衝動のコントロールが難しくなっていたり、大人への愛着や信頼を失っていたりする。このような状態を示す子どもたちは、広汎に心の機能が損なわれているので、子どもの気持ちの動きを理解できる辛抱強くて懲罰的でない里親や施設職員による長期のケアや、精神分析的心理療法、家族療法、学習や運動、芸術などの領域での支援、場合によっては薬物療法などの医学的治療も含めた多面的な治療ケアが必要と考えられる。特に、きちんとした枠組みの中で、ていねいに心の動きを感じ取ってもらい、自分の混沌とした内面にあるものを仕分けして言葉にしてもらう体験を提供できる精神分析的心理療法は、心理ケアの中で重要な役割を受け持つことになる。

Ⅲ　発達障害

乳児院や児童養護施設知的な発達が遅れている子や落ち着きなく動き回る子、コミュニケーション能力が低い子、あるいはすぐにパニックになる子など、いわゆる「発達障害」（ＤＳＭ－５であれば神経発達症群）という診断がつくかもしれない子どもたちがかなり多いことに気がつく。親自身が知的能力の障害や自閉スペクトラム症などを抱えている場合も少なくない。親自身が知的能力障害や自閉スペクトラム症などの発達障害を持っているなら、その障害のために、一定の生活水準を維持し、子どものニーズをくみ取って育てていくことが困難になり、その子どもたちが児童福祉施設に来ることになりやすいかもしれない。そして、その場合、その子どもたち自身も発達の遅れや偏りを持つ確率は高くなる。

また、発達障害を持つ子どもは、指示に従えるようになるのが遅く、落ち着きがなかったりぼうっとしていたりして、生活面での自立も遅いことが多い。親にとって育てにくいことが多く、親がそれに苛立って、結果的に身体的虐待や心理的虐待をしてしまう確率も高いかもしれない。

さらに虐待やネグレクトを受けることで、子どもが発達していくために必要な体験や刺激が不足したり、ものごとにチャレンジしていこうとする気持ちが育たず、結果として発達が遅れたり、偏ったりすることがあるかもしれない。近年、虐待やネグレクトのために、その内容によって、特定の脳の部位が萎縮したり、大きくならなかったりする可能性を示すデータも蓄積されていると言われている。

虐待やネグレクトによって脳の構造的な変化が生じて、結果として発達の遅れや偏りがさらに進展するという可能性もあるかもしれないということになる。

以上のようなことから、児童福祉施設では、いわゆる発達障害と診断できる子どもの率が一般人口よりは高くなるのだと思われる。ただ、比較的安全で、発達に必要な刺激や体験が提供される施設という環境に置かれることで、徐々に発達が追いついてきたり、偏りが小さくなったりする子どもたちも少なくない。「発達障害」と診断されると、その子が脳の不可逆的な障害を持っていて、一生その特性が変わらないと思われがちだが、養育環境が整っていなかった場合や虐待やネグレクトを受けていた場合、育つ環境がよくなると発達障害の状態が改善することがあるということは忘れてはならない。なお、子どもの発達が遅れている時や偏っている時に、その背景要因として、環境要因が強いのか、それとも生まれつきもしくは遺伝的要因が強いのかを確実に見分ける方法はないと考えておいた方がよい。

Ⅳ　行動上の問題とその背景にあるもの

(1) どんな行動上の問題が多いか？

児童福祉施設で育つ子どもたちが、摂食や排泄や睡眠の問題、不登校、自傷行為、他児や職員への暴力、盗み、性的逸脱行動など、多様な行動上の問題を示すことは希ではない。子どもたちが示す行動上の問題は、これまで述べてきた愛着の障害や心的外傷の影響、発達障害だけですべてが説明できるわけではなく、背景にある要因も様々である。統合失調症、うつ病、強迫症などの成人でも見られる精神疾患に罹患する子どもがいることもどこかで心に留めておくことが大切である。ここでは、行動上の問題という視点から、子どもたちの心の病理を記述する。

(2) 摂食、排泄、睡眠の問題

子どもが、寝て起きて食事をして排泄するということは、生き物として自然な欲求に基づいた生理的な行動と言える。しかし、人間の場合、こうした行動であっても養育者のしつけを通して、社会的に認められる形で行動ができるようになって行くのであり、養育環境が不適切であった場合に、これらの基本的な生理的な行動がきちんと身についていなかったり、一旦身についてもケアを受ける中で様々の問題行動が出てきたりすることがある。ネグレクトでいつ食事ができるかわからない環境にいた子は、食べ物があると一気にたべてしまうかもしれないし、食べ物を密かに備蓄しているかもしれない。食事のリズムが確立していないと食べ方にもむらがあるだろうし、食生活が買ってくる弁当やインスタント食品に偏っていれば、食べたことのないものを食べるのは避けたいかもしれない。あまり食べさせてもらえない子が、冷蔵庫の生の肉や魚を食べてしまうこともある。思春期になって、女児では、ダイエットに励んでやせようとする子や、過食して吐く行動を繰り返す子もいる。児童福祉施設にいる子どもで、純粋の拒食によりやせていく子を私は経験していない。過食嘔吐をする子は時々いる。

排泄については、児童福祉施設の子どもの場合、小学生以降の夜尿は比較的多い。施設に入ってから夜尿が始まる子もいる。夜尿だけの場合は、夜尿に対する治療が有効な場合も多い。昼間に大便をもらしてしまう遺糞症は、ネグレクトや虐待を受けてきた子どもには、時々見られる症状である。遺糞に気づいていないように見える子も多い。お腹の中にたくさん便がたまっていて、それが少しずつ漏れる溢流性便失禁の場合は、定期的な浣腸やお腹のマッサージも効果を示すことがある。わざとトイレ以外の場所で排便しているように見えて、本人は強く否定する場合、解離症状の可能性も検討する必要がある。

夜に不眠を訴える子どもは多い。身体的虐待や性的虐待は、夜起こることも多いので、夜に寝ること自体が不安な子もいる。夜遅い時間帯は、当直の職員を独り占めしやすいので、起きてくる子もいるかもしれない。虐待を受けた子どもで、夜間、泣き叫んで起きてくる子がいる。次の日には起きてきたことを覚えていないことが多い。一般的には深い睡眠の時に起きる現象で夜驚症と呼ばれている。何か怖い体験をしているような寝言を言う子もいるし、頻繁に怖い悪夢を見る子もいる。夜驚症も悪夢も寝言も、虐待を受けていない子どもにも見られる症状なので、それほど心配する必要はないのかもしれない。しかし、虐待やいじめの体験との関係も否定はできない。いずれにしても児童福祉施設での生活に慣れて職員への愛着も育ち、虐待等によるトラウマが癒えてくると、減ってくるものである。

(3) 不登校

児童福祉施設にいる子どもたちは、学習上の困難や友だち関係を作る上での問題を抱えている場合が少なくない。知的な能力がもともと低かったり、落ち着きがなかったり、勉強をする習慣が身についていない子も多い。すでに述べたような心理的な様々の問題のために、友だちと穏やかに過ごすスキルや、親密な関係に入っていく心の準備も不足している。そうした問題を抱える施設の子どもたちにとって、学校という場が苦痛な場になりやすいのである。これ以上努力しても報われないと思うようになる子もいるかもしれない。それでも小学校までは、児童養護施設が学区内にある学校には教員の加配などの措置がなされることも多く、職員と担任を中心とした教員との連携も比較的うまくいくことが多いのだが、中学校以上になると様相は変わってくる。児童養護施設ということに理解がある学校ばかりではない。学校の規模も大きいことがあるので、教員全体の対応の統一は困難である。こうした子どもたちに、学習の支援や社交スキルのトレーニングや相談室登校や特別支援学級への入級などの様々な対応が必要になる。そういう時に親権を持った養育者の了解を得る必要があるが、それが意外に難しいことがある。不登校という現象は、施設にいる子どもたちの抱える様々の問題という氷山の頂点にあると言えるかもしれない。そう考えると彼らの全体を理解しないで、ただ登校への支援をしてもあまり意味がないのである。

（4）自傷行為

施設の中にいて、子どもたちがカッターやカミソリの刃などの鋭い道具を使って、体の表面を切ったり、刺したりする行為が続くことがある。頭を壁や床などに打ち付ける行為も珍しくはない。髪の毛などの体毛を抜く行為や皮膚いじり、異物を飲み込む行為、タバコなどによって火傷の跡をつけることなども自傷行為の中に含められるだろう。こうした自傷行為の背景には、他者への怒りや自分自身への否定的な感情、閉塞感や無力感から抜け出したい思い、自分が深く傷ついていることを知って欲しい気持ちなどが関係しているかもしれない。自傷行為自体に快感が伴っていたり、すっきりした感覚が伴っていたりするために、嗜癖的になってしまうこともある。

十代前半の男児に対して、私がアセスメント面接の中で、相互なぐり書き法（スクィグル法）を行っていて、夢について質問した時に、その子は「自分が母親のお腹の中で他の兄弟と血みどろの戦いをするという夢」を語った。彼は、児童福祉施設に措置されていたが、その面接の数日後に体を切る自傷行為を行った。結局、職員への暴力の問題もあって別の児童福祉施設に措置変更になった。私が不用意に行った心の深い領域にふみ込む面接が、自傷行為の引き金になった可能性が高いと私は考えている。十代後半の性的な虐待体験があると思われる女児は、過食嘔吐と自傷行為がなかなかやめられず、学校も続けられない状況になって、施設から出ることになった。自傷行為、特に体に刃物などで傷をつける行為は、職員や周囲の子どもたちに、何もできない無力感や嫌悪感、自爆テロに遭遇したような恐怖感を抱かせることが多く、児童養護施設のような居住型の施設では対応は難しくなりやすい。最終的には別の施設に移されるか、入院治療を受けることになるか、あるいは様々な事情から、しかたなく家に帰ることになるケースもある。

自傷の背景にある気持ちは、上述したように多様で複雑である。彼らの心の中に、自己破壊的で人との関わりを否定する病理的な領域が存在していて、それが自傷行為をそそのかすと考えられる場合もある。こうした複雑で自己破壊的で倒錯的な病理がその子どもの心を支配している場合、言い換えると成長することや人と交流することを否定し攻撃するような心の領域が力を振るっている場合には、その病理を克服するためには、枠組みのしっかりした施設でケアされながら、構造のしっかりした心理療法を受ける必要があると私は考えている。

(5) 暴力

児童福祉施設では、他の児童を叩いたり蹴ったりする行為は日常の中で高い頻度で起きている。かつて、施設内で大規模の子どもの集団を一まとめにケアしていた頃には、子どもたちは多くの刺激を受けて落ちつかず、職員も目の届かない空間も多く、それだけで暴力が多発する要因になっていた。暴力は、上の世代から下の世代の子どもに連鎖していく傾向もあった。最近は、ケアの単位が小規模化し、数名を二～三人の職員でケアするようになってきたため、暴力の頻度は下がってきているように思う。しかし、他の子どもとの交流や職員からの指導の中で、ちょっとした刺激や欲求不満ですぐに子どもや職員を叩いたり蹴ったり、物を壊したりする暴力は、やはり一般家庭よりは多いように思う。

自分の要求や気持ちを伝えたい時に、うまく言語を使えず、最終的に暴力に訴えてしまうという場合は少なくない。しかし、他の子がルールを守らない時に、それが悪いということを教えるためには暴力でわからせるしかないと思っている場合もある。その背景には、暴力によるしつけが日常だった家庭環境の影響があるかもしれない。何か欲求が満たされない時や自分の要求を受け入れてもらえないときに、暴力に訴えてしまうこともあるだろう。ちょっとした悪口や身体接触に腹を立てて、瞬間的に手や足が出てしまう子もいるだろう。

身体的虐待などの暴力を日常的に受けてきた子どもは、自分が被害者として体験したことを加害者の立場で演じてしまうことが少なくない。被害を受けてきたことによる無力感や悲しみを感じないようにするために、自分が力を持っていて他者を支配できるという感覚を味わえる暴力加害の体験を利用すると解釈できるかもしれないが、本人の中でその自覚はないことが多い。現実の生活ではめったに暴力を振るわない子どもでもプレイ・セラピーの中では、加害者として身体的虐待を再演してしまうことがある。自閉スペクトラム症や注意欠如・多動症のような生来の発達上の問題を抱えている子どもは、欲求不満耐性が低く衝動のコントロールが悪く、しばしば対人関係の場で相手の意図や前後のつながりが読めないために、かっとなることが多く、そのまま暴力につながることが起こりやすい。

施設にいる子どもたちは、身体的虐待を受けてきた子も多いので、本来、児童福祉施設で、他の子どもからの暴力の被害を受ける体験をさせることは、極力さけなければならない。しかし、実際は、児童福祉施設の中で他の子どもからの暴力を受ける機会は非常に多い。年長の子どもが年下の子どもに暴力を振るい、暴力を振るわれた子どもが年長になって今度は加害者に変わるというような連鎖が起きていることも少なくない。近年、児童福祉施設のケアが小規模化し、一人の職員が担当する子どもの人数も少なくなっている中で、子どもの暴力は少なくなったという印象もあるが、子どもの生活する場が個室化しているために、必ずしも暴力が把握しやすくなったというわけではない。また、家庭に近い環境を提供する小規模ケアが普及する中で、一人でも激しい暴力を振るう子どもがいると施設での対応が困難になりやすいということもあり、暴力への対処は、後で述べる性の問題への対処と並んで、児童福祉施設の運営やケアにおいて、重要な課題である。

(6) 盗　み

施設の中では、入所している子どもが他の子どもの持ち物を盗んでしまうことをしばしば経験する。職員の部屋に忍び込んでお菓子やお金を盗る子もいるだろう。他の子どもの方が恵まれているとか、職員に可愛がられているというような嫉みの気持ちからそういう行動を取るのかもしれない。学校でも、他の子の物を盗ってしまう子もいるし、近所のコンビニやスーパーマーケットなどで万引きをする子もいる。心理療法の部屋から、遊戯療法に使う物を持ち出す子もいるだろう。妬みの気持ちや自分が十分に何か（愛情や必要な環境）を提供されていないという飢餓感のようなものが背景にあることは多いと思われる。ものを盗ったところで、何かが満たされるわけではないので、妬みや飢餓感は解消せず、結果として盗みが習慣化してしまうこともある。盗む行為が「宝探し」の変形したものと考えられることもある。宝探しは、心理的には、自分の中にあるかけがえのない何か、自分の中に本来備わっている資質や良いものを探す意味合いがあるが、盗みは、本来は自分の中にあるはずの良いものが自分にはないと感じるために、良いものを他者から奪って自分のものにしたいという願望が隠されているかもしれない。女子の下着や制服を盗む場合は、当然、性的な意味合いがあるのだが、母性的なものを求める気持ちが性的な欲望や関心と入り混じって、倒錯的に変形しているとも考えられる。下着や制服は、母親の身体の代替物であるのかもしれない。

(7)性的な問題行動

児童福祉施設には、性的な虐待を受けた子どもたちも措置されてくる。その子どもたちに限らないが、施設に措置されている子どもたちが性的被害を受けるようなことは避けなければならないことであるし、許されないことである。しかし、まだまだそうした被害を受ける子どもは少なくない。職員が性的な加害を加える事例も後を絶たない。子どもが子どもに性的な加害を加えることもある。性的逸脱行動は、こうした性的な暴力に限定されるわけではないが、ここでは性的な加害と被害を中心に述べていきたい。なお、職員の問題は、後の章でまとめて論じる。

児童福祉施設の中で子どもが性的な被害を受ける場合、加害者は、同じ施設の子どもか職員ということになる。子どもが加害者の場合、たいていは年上の子どもが年下の子どもに対して性的行為を強要するということになる。性的な行為の中には、通常の性交の相手をさせることから、自慰の手伝いをさせること、被害者の性器やその他の身体領域を触ったり、加害者の性器を見せたり、触らせたり、なめさせたりすること、アダルトビデオなどの猥褻な動画・写真などを見せることなど、多岐にわたる。加害者の大多数は、男児だが、被害者は女児だけではなく、男児も多い。男児が被害者の場合に、加害者は必ずしも同性愛傾向を持っているわけではない。施設の中で、被害を受けた子どもが逆に年下の子どもに対しての加害行為を行うこともまれではない。大人の目が届かないところで、年上の子どもから年下の子どもへ行為が連鎖することも少なくない。被害を受けた子どもは、強い嫌悪感や恐怖感を体験することもあるが、それほど強い感情を体験しないこともある。しかし、その被害体験がその子どものその後の性についての意識や思春期での身体変化や性の受容のあり方、そして大人になってからの性行動などに影響を与えることは少なくない。

なお、同世代の同性の子ども同士が、お互いの性器などの身体を見せ合ったり、触ったりするような行為をする場合、あるいは、幼い子どもが性交や出産をまねする遊びをした場合に、すぐに異常な性行動と考えないことも大切である。児童福祉施設にいる子どもは、自分が生まれたことの意味を深く考えている子どもは多く、自分の両親が子どもを生むことを望んでいたのか、自分が生まれたことを喜んでくれていたのかを知りたいと思っている。それと関連して、性への好奇心も強い。しかし、それは必ずしも病的とは言えない。このことに関連するのだが、私のスーパーバイジーであった永田は、日常生活の中で布団の中で女児と性交のまねをした男児のケースの心理療法過程を報告している(9)。遊戯療法のセッションの中で、その男児は性交の場面を演じ、その後、出産の場面を演じたのだが、それをセラピストは厳かな気持ちで見守ったという。そして、その後その子の性的な問題行動は日常生活でも消失したということである。児童福祉施設では、職員が、性的な行動をすべて、虐待や性被害のせいと考えたり、子どもの異常性の表れと考えたりする傾向があるように私は感じているが、そうではないこともあるという点は、頭の片隅においておきたい。

職員が加害者である場合は、親による性虐待と同じような深刻な心理的な被害をもたらす。職員による性加害は、あくまで親代わりの養育者として子どもに関わるはずの職員が、守るべき性的な境界線を破り、自分の欲求のために子どもを使ってしまうことである。そのことが、施設にいる子どもたちのもろい大人への信頼感をさらに壊してしまうとともに、自分の側の健康な性的な欲求をよいものとして受け入れることを阻害するかもしれない。悲しいことであるが、新しい男性職員を雇う場合に、子どもへの性加害をする人である可能性も想定して、慎重に面接を行い、入職後も行動を見守る必要がある。性加害を起こしやすい人が、性的加害を目的にして子どもの福祉施設に就職しようとするケースは、残念ながら現実に存在しているのである。なお、被害を受けた子どもが性的行為について表面上同意しているとしても、その被害が小さいとは限らない。

5　児童福祉施設に対する児童精神医学的コンサルテーション

I　児童精神科医としての姿勢

近年、児童福祉施設において、精神科医を嘱託医として雇うことが増えている。児童福祉施設で仕事をしたいと考える精神科医も増えているかもしれない。しかし、児童福祉施設に入所している子どもの診察を行い、職員や家族への支援を行うためには、通常の精神医学の診断学や薬物療法や精神療法についての知識やスキルだけでは不十分だと私は考えている。まず、必要なことは、疾患を治すのではなく、発達を支援するという姿勢である。施設にいる子どもたちは、精神医学的に見ると様々な疾患を同時にもっているかもしれないし、適切な診断がつけにくいこともある。彼らの心の病理は複合的であり、軽いとは言えないものである。彼らが複雑な病理を持っていて、医学的治療だけでは対応が難しいし、疾患を治癒するという姿勢だと限界がある。児童福祉施設は、このような子どもたちが少しでも人と関わり、社会の中で自分の居場所を見つけ、自分で収入を得ることができるようになり、そして自分の家族を持つことができるように子どもたちを育て支援する施設である。医師であっても、医療モデルもある程度使いながらも、成長発達モデルで子どもたちをみる姿勢を学ぶ必要がある。次に大切なことは、一人一人の子どもの問題を評価する（診断する）とともに、子どもたちの生活の単位全体（寮舎、ユニット、ホーム、家などと呼ばれている）やその施設全体の動きについての見立てを行うことである。さらに、専門家ではあるが児童福祉の領域については知識も経験も乏しい者として、経験豊富な職員の意見にも耳を傾ける謙虚さも必要である。

要約すると、精神科医が児童福祉施設にコミットするときには、単なる医学的診断や治療だけではなく、子どもの発達全体を支援するという姿勢と、施設全体の動きをみながら、その機能の向上への助言も行うような姿勢が求められる。これは、児童精神科医としての外来診療や入院治療などの仕事の応用編である。このような福祉領域での仕事をすることは、児童精神科医としてのスキルの向上につながり、対応できる問題の幅をひろげることにもつながると思う。

Ⅱ　ケース・カンファレンスでの役割

私がコンサルテーション活動の一つの柱にしているのは、ケースカンファレンス（事例検討会）への参加である。もう一つの柱は、心理療法担当者への個人もしくはグループスーパービジョン（心理療法の指導）であり、その他に、講義や調査研究などの形での活動もあるが、それらについては後で述べる。

さて、ケース・カンファレンスについてである。毎朝行われている申し送りや施設全体のミーティング、生活ケアの単位でのミーティングなど、日常的にそれぞれの子どもについての情報交換はほとんどの施設で行われている。そうした情報交換は大切であるが、ここでは、少数の子どもについて一時間以上の時間をかけてメンタルヘルスの専門家も入れて行うケース・カンファレンスについて述べる。

すでに述べたように、私が児童養護施設へのコンサルテーション活動を始めた時に、施設全体での定期的なケース・カンファレンスと施設内での個人心理療法の個人スーパービジョンの組合せによって支援することにした。今でも、原則としてそのようなやり方をしている。最初にかかわった山形学園では、施設長、生活ケアの職員、心理療法担当の大学院生、それに児童精神科医（著者）という構成で、月一回二時間で定期的にケース・カンファレンスを行った。カンファレンスでは、原則として一人の事例について二時間かけて話し合いを行っている。なお、後に、ファミリーソーシャルワーカーや看護師や里親支援専門相談員などが職種として増えたので、その人たちもカンファレンスに加わるようになった。

カンファレンスでは、資料として、施設に措置されたときの児童相談所からの社会調査や心理判定、医学判定の資料、それに入所してからの生活場面の様子の記録をまとめたものが配布される。心理療法を受けている場合は、その経過の概要をまとめたものも配布される。その資料に基づいて、生活ケアの担当者や心理療法の担当者に報告をしてもらい、情報を共有した上で、現在の問題についてのそれぞれの見立て、課題への対応の方法、対応の成果などについて情報交換と討論を行っている。司会には、なるべく、多くの職員から意見や質問をしてもらうようにこころがけてもらっている。私は、わからないところは質問して、短いコメントを伝えるが、討論の中身にはあまり介入しないようにしている。最後の方で、私のその子どもについての理解をまとめて「見立て」として伝えたり、職員の意見を尊重しつつ、足りないと私が感じたことを付け加えたりしている。私なりの現在の問題の見立てを伝えることもある。見立ての例（架空のケース）をあげておこう。

私は施設のカンファレンスで、以下のように見立てを伝えた。「この子が暴れるときは、必ずきっかけがあるようですね。特に学習の場面で自分ができないと思うと自分でも納得できず、いらいらとしてしまい、そうなると周囲から馬鹿にされるのではないかとか叱られるのではないかと感じてしまい、それで周囲の子どもや職員を叩いたり蹴ったりしたくなるのですね。それで暴れてしまった後は、それを後悔しているのだけれども、叱られると逆に怒りだして収集がつかなくなるのでしょう。まずはクールダウンして、落ちついた後で振り返りをしましょう。この子は、計算は得意だけれども、文字や文章を書くことや絵を描くことが苦手で、自分の気持ちを表現するのも苦手なところがありますね。そのことも考えると、この子の気持ちの動きを理解して、それをマンガのような絵を使ったり、簡単な文章にしたりして、伝え返すといいですね。以上のようなやりかたは、日常の生活ケアと学校生活、そして心理療法のどの場面でも使えるだろうと思います。この子が自分でできることを増やしていき、本当の意味での自信を持てるようになると強がった態度は減っていくと思いますよ。もともとこの子の養育環境を考えると、自分の気持ちを言葉で伝え返してもらう体験が乏しくて、いろいろな場面での体験も乏しくて自信がないのだろうと思います。」

この例のように、子どもの行動や心の問題の背景にあるもの理解と対応方法について、まとめて伝えるのは、職員がその子どもの問題を全体として理解する力を育てたいと思っているからである。私の場合、助言やコメントは、専門性をあまり前面に出さず、専門用語をなるべく使わずに日常語でわかりやすく行うようにしている。生育歴から考えられるその子の対人関係のパターンやその子の心の病理についての精神分析や児童精神医学の立場からの理解を伝える時も原則は日常語である。さすがに、自閉スペクトラム症やフラッシュバックのような言葉は使うことはあるが、それでもそれがどういうことを意味しているかをなるべく説明する。自閉スペクトラム症の子なら、「この子はほかの人の心の状態について理解することが難しく、言葉を文字通りに受け取りやすく、同じパターンの繰り返しを好むので急な変化に弱くて、大きな音にも敏感ですね」などと言うのである。フラッシュバックなら、「過去のいやな体験の記憶が突然ついこの間のことのように鮮明に蘇って不安になります」などと言うかもしれない。私は、カンファレンスの中で、職員の意見が分かれるときには、その両方の意見に価値があり、それぞれその子どものある側面を的確に捉えた意見であること、しかし、その上で、両方の意見を統合する道をさぐる必要があることなどを伝えるようにしている。

行動上の問題があって、対処に苦慮する場合には、応用行動分析の考え方に基づいた「頑張り表」の作成を提案したり、問題が起きたときの対処法についての助言をしたり、医学的な治療の可能性を指摘したりもしている。「暴力やトラブルが起きたときには、まず落ちつかせることを優先して、大声で遠くから叱ったり、すぐに謝らせようとしたりしない方がいいでしょう。落ちついたら、ゆっくり言い分を聞いて、それからこちらがどのようにしてほしかったかを伝えるようにして下さい」「これは許せないことだと思った時も大声で叱りつけるとかえって伝わらないので、目を見て低い声でしっかり毅然とした態度で伝えましょう」などと話している。

カンファレンスでは、施設長も主任も一般の職員も新人もなるべく対等に話し合えるように配慮をしてもらっているが、しかし、私自身は、ベテランの職員の経験に裏打ちされた意見は尊重するようにしている。管理者である施設長が不在の時には、職員がリラックスして話ができるというメリットもあるが、原則は施設長がいるようにお願いしている。その後引き受けた施設の中では、施設長がほとんど参加しない施設もあるが、できれば、施設長に参加してもらった方がよいと私は考えている。子どものケアについての問題のとらえ方や対応のしかたは、カンファレンスの積み重ねの中で、さらに向上していくことが多いので、施設長にもその向上のプロセスを共有して欲しいからである。言い方を変えると、施設長は、グループとしての施設職員集団の成長を肌で感じていただきたいのである。また、施設長は、カンファレンスの中で、個別の議論を静かに聞いていて、たまに経験に基づいた的確な意見や職員のがんばりを後押しするような発言をするくらいの存在感を示すことが適切だと思っている。

以上のようなカンファレンスのやりかたは、その後、嘱託医を引き受けた施設でも基本的にはそのまま踏襲している。時には二時間で二ケースを扱うこともあるが、一時間では十分な検討は難しい。月一回のペースだと一年間で施設のすべてのケースを検討することができない。このようなカンファレンスの目的は、職員集団が、子どもの行動の背景にある気持ちや発達の偏りや家族関係の影響などについて思いを巡らせ、子どもの中の健康的で前向きの部分と病理的で後ろ向きの部分の両方を見ながら、発達全体を支援するという姿勢を身につけ、維持することを支援することである。つまり、養育環境の中で適切な刺激や適度なケアを受けられなかった子どもたちを育てる文化を施設に根付かせるための一つの学習の機会になることをねらっているのである。そうした文化が根付いている場所でも自分たちのしていることを振り返り、自分たちのしていることがどのような意味を持っているのかを改めて確認し、改善できるところも見いだす機会としてこのような専門家を交えたカンファレンスを持つことには意義がある。そして、カンファレンスで育った文化は、ふだんの申し送りや会議の中でも生かされるのである。カンファレンスに助言者としてうかがうとそれぞれの施設のケアのレベルや施設長のリーダーシップのありかたが、よくわかる。一般的には、外部の専門家を快く迎えて下さる施設長は、管理者として、リーダーとしてよい仕事をしているものである。

Ⅲ　施設での診察の方法

コンサルテーション活動の中で、直接子どもの診察をすることを求められることも多い。原則として、私は児童福祉施設の嘱託医になっても個々の子どもの主治医にならないことにしているが、それは私自身に時間的余裕が無いためである。実際に子どもに会うことで、その子についての理解が深まり、カンファレンスでは得られない情報が得られる。診察は、通常は四十五分くらいの時間をかけて一対一で行う。一対一が難しい子どもの場合には、まれに施設の職員が同席する。診察の部屋は、その施設の心理療法室だったり、応接室だったり、診察専用の部屋だったりするが、私はあまり遊ぶものが置かれていないシンプルな部屋が好きである。描画用に白い紙を十数枚とクーピーと鉛筆と消しゴムは用意しておく。診察では、今、楽しいことと困っていることを聞き、施設の住み心地や他の子どもや職員のことも聞く。施設に来るようになった理由や家族についても聞く。しかし、言葉だけのやりとりでは限界があることが多く、描画テストや相互スクィグルを行うことが多い。児童相談所の資料や施設の記録も見る。そして、診察の後、私は生活ケアの担当職員や心理療法担当者と話し合い、私の見立てやケアの方向性についての意見を述べる。また、医療機関につなげた方がよいか、つなぐとしたらどの医療機関が良いかの判断をすることや、今受診している医療機関での治療についてのセカンド・オピニオンを伝えることもしている。

〈A君の診察場面〉

児童養護施設での児童精神科医の診察の様子を紹介しよう。幼稚園児のA君の診察の場面である。内容は、本質を損なわない程度にプライバシーがわからないように修正を加えてある。時間設定四十五分で、その施設内の十畳くらいの心理療法室で診察を行った。部屋の中に、テーブルが一つと椅子が二つ、A4のコピー用紙と十八色のクーピーと鉛筆、ぬいぐるみ・恐竜などのフィギュアが多数、それに車・電車のおもちゃ、バランスボール、人生ゲーム・トランプなどが棚などにおいてある。嘱託医は、施設の職員から一回だけの診察によるアセスメントを求められた。すでに、この子が施設にいる理由などは施設のファミリーソーシャルワーカーから説明を受けている。

担当の職員に連れられてA君が部屋にやってきた。職員が部屋から出ると同時に診察は始まる。A

君は可愛らしい顔立ちで、体格は年齢相応だった。初めての出会いであり、A君は少し緊張していた。私の前のテーブルの側においてある椅子に座ってもらう。

医師「お名前はA君ですね。私は、〇〇〇〇〇という名前です。子どものお話しを聞いて困っていることを相談するのが専門のお医者さんです。『もしもし』（聴診器をあてるしぐさをしながら）とか注射とかはしなくて、今日はお話するだけです」

A君はうなずきながら、こちらを見てしっかりと聞いている。

医師「A君は、年はいくつかな？」

A君「四つだよ」

医師「今、どこに住んでいるの？」

A君「A園の〇〇〇（生活の単位の名前）」

医師「〇〇〇には、誰がいるの？」

A君「Bちゃん、Cちゃん、Dちゃん、Eちゃん、Fちゃん、Gちゃん、うんと、あとね、Hちゃん」

医師「職員の人は誰ですか？」

A君「Iさん、Jちゃん」

医師「後は？」

A君「Kちゃん」

医師「A君ね、ここにいて何か楽しいことはある？　最近、何か楽しいことあった？」
A君「〇〇〇（人気キャラクターの名前）の汽車ぽっぽ。〇〇〇〇（テーマ・パークの名前）で買った。Lさん（若い女性のFSW）が買った。園長先生（中年の女性）はHちゃんに、おもちゃ買った」
医師「へえ、〇〇〇〇に行ったの？」
A君「うん」
医師（夏休みやGWでないのに、そのテーマ・パークに行ったのかな？と不思議に思い）「いつ頃かな？」
A君「（ごにょごにょと何か言う）」（医師には聞き取れず）「映画も見たよ。〇〇〇の映画」
医師「幼稚園はどこに行っているの？」
A君「X幼稚園〇〇組」
医師「幼稚園の先生はなんていう先生？」
A君「Y先生」
医師「困っていることない？」
A君「ない」
ここで医師は言葉によるやりとりの限界を感じて，描画を使ったやりとりを考え始める。
医師「心配なことはないのね？」
A君「うん。僕のうちにはブロックがあるの」（医師には何の意味か感じ取れず）

A君は、バランスボールを見つけて、私の座っている方に投げたり、蹴ったりし始める。

医師は、その様子を見て、バランスボールはお母さんのお腹だと思った。

A君は、それからお絵かきボードにスタンプを押す遊びを始める。△、☆、○とスタンプを捺して、それから全体を塗りつぶしてしまい「まっくらだ！」とA君が言う。

医師「A君ね、お絵かきの遊びをしよう。先生がぐるぐるって描くから、それに絵を描いてね」

（相互スクィグルを提案したということである）

医師は、「ぐるぐるぐる」と言いながら線を描く。

A君は、左上にねずみのような絵を描く。そして「○○○！」と言う。

A君が描いた「ぐるぐる」に重ねて、医師は幼い男の子の顔を描く。

医師が描いた「ぎざぎざ」をK君は三つの山にして、そして、真ん中を巨人にする。

医師が「これでどういう人？」と聞くと、K君は「怖い人」とすぐ答える。

怖い人は、誰なのだろうと医師は思う。「怖いお母さんかな？」とも考える。

しかし、「会ったことのないお父さんかもしれない」と思う。

A君が書いた二重の楕円形を見て医師はソーセージエッグを描きたくなる。

医師自身のお腹が空いていたのかもしれないが、その絵は一つ目小僧のようにも見えると医師は思った。

次の紙に、医師が丸を紙の左下と右上に描くと、A君は、右の丸を笑顔のねずみのような絵にして、また「○○○」と言う。

そこまで聞いて、医師は、お母さんの名前がねずみのキャラクターの○○○と似ているのだろうと直観する。

A君は、それから左下の丸に角を生やさせて「鬼」と言う。

医師が「鬼？」と聞き返すと、A君は、あわてたように、「あ、うさぎ」と言ってうさぎに書き直すが、そのうさぎの口は怒っているように医師には見えた。

私がねずみのキャラクターとお母さんのつながりを確かめたくなって、「お母さんの名前を教えて？」と聞いてみた。

A君はきっぱり「教えない」と言う。医師は「余計なことを聞いた」と後悔した。暴いてはいけない秘密を暴こうとしたような気持ちになった。

A君が横にした「はしご」のようなものを描く。

医師がそれを「線路だあ」と言いながら、その上に電車を描く。

どこ行きかなと私が聞くと、A君が「○○山」と言う。○○山は施設の近くの山なので、この子にとってこの場所が今は帰るべき安全な場所になっているのだろうと医師は思った。

A君の母親は、不安定な人でパーソナリティの偏りがあるということで精神科治療を受けている。母親は、大量服薬をすることがあり、A君は何度か一時保護をされていた。そして、施設に措置されたのである。母親は、不安定になるとA君に対しても暴言をはいたりすることがあったらしいのだが、やさしくできることもあり、A君は母親にある程度なついていたと考えられる。母方祖母は、子どもをほめることがなく怒ってばかりいる人で、精神科に入院したこともあるという。母親はA君が生まれてしばらくして父と離婚し、その後、A君が幼稚園に入る頃に別の地域から引っ越してきた。児童相談所では、A君の知的発達は正常と判定されている。

〈A君のアセスメント結果とケアの計画への提案〉

「A君は、母親と一定の愛着関係が成立していると考えられる。同時に母親の暴言や自殺未遂を目撃するなどのトラウマがあり、母親イメージは良いものと悪いものに分裂している。母親から引き離された悲しみは感じているが、良い母親イメージを保とうとしていて、悪い母親は別の人間やものに投影される傾向があり、母親のイメージは統合されないままである。自分が愛される存在であると感じることが難しく、糞便と同じ存在と感じているようである。心の中で養育者についてのイメージがしっかり根付いていない。しかし、虐待をする人（母親）をまねて、弱いものを攻撃して自分の弱さを認めない傾向もある。乳幼児期のごく初期の葛藤の処理の方法を使うことが多い。

外傷体験がフラッシュバックや悪夢などの形でよみがえり、意識の連続性が途切れてしまうこともあるかもしれない。知的能力や運動能力は、虐待やネグレクト、それに親から引き離される体験をしながらも、現時点では、正常な状態に保たれている。そして、ある程度、言葉や象徴を使う力を備えている。」

以上のアセスメント結果から考えたA君のケアの計画への提案は以下のようなものだった。

「本人への精神分析的遊戯療法は毎週施行し、長期間継続するとよいだろう。施設の担当職員はなるべく長期にかかわれるように配慮すべきである。母親の精神科治療のほかに、母親への心理的な支援（児童相談所などのCWや臨床心理士による定期的な面接）が必要である。親子の面会で、一緒に過ごす時に、施設職員も入って、母親との関わりを支援する必要がある。家族再統合はゆっくり慎重にした方がよいだろう。」

私たちの人生は、ボレロのように単調な反復があり、しかし、しだいに盛り上がることもあり、華々しい展開もある。そして、突然の暗転や低迷期もある。精神療法も同じことである。精神療法は同じことの反復が起きやすいが、それは、単純な繰り返しではない。その構造は、入れ子細工と言った方がいいものである。難しい数学用語を使うならばフラクタル構造である。例えば、葉っぱの形は木全体の形に似ているし、大きな半島の海岸線には小さい半島があり、その半島の中には小さい岬や湾があり、その岬や湾にも小さい凹凸の構造がある。そういう入れ子細工の構造がフラクタルである。私が初回面接を詳しく述べたのは、その面接過程の中にA君の人生や内面の世界が反映されていて、そしてA君のこれから始まる遊戯療法の経過を予想させる情報が含まれていると思われるからである。A君の母親への複雑な思い、記憶にない父親への思い、今の施設にたどり着くまでの人生、今の施設の中の暮らしの中で感じる寂しさや嫉妬心と楽しみなどが、そこに表現されているように思われた。一回目の面接で、これらのことがすべてわかるわけではなく、このアセスメント結果もこれまで得た精神医学や精神分析などの知識、自分の経験、私の中に浮かんだイメージや生じた感情などに基づいている。しかし、その後の遊戯療法の中で、私のアセスメントが、あたらずとも遠からずであったことがわかっていった。三～四歳の子どもでも、こうしたやりとりを通じて深い交流が可能なのである。むしろ、子どもは大人よりも精神療法における交流には長けているかもしれない。

参考のために、A君のプレイ・セラピーについて簡単に紹介する。二〇歳代の女性セラピストが担当していて、週一回四十五分のセラピーを施設内で実施している。

最初の回は、笑顔でもごもご言いながら入室した。黒ひげ危機一発で遊び、最後には剣でセラピストを刺す遊びになる。その後の回では、二匹の蛇の合体した後、「死んじゃった」と言うことがあった。食べたり、食べられたり、敵と味方がくるくる入れ替わる遊びが展開する。

ある時、古い方の紙粘土を使うように言ったセラピストに「けち」と文句を言って、「ママはお菓子一杯くれるよ」などと言った。セラピーの中では平和な世界に急に怖い世界や攻撃性が表出されることが繰り返された。ある回では、「〇〇ちゃん（セラピストの名）大好き！」と言った後、「バーカ、お前なんか嫌いだよー」と言い放った。ある回では、ママへの手紙を書いて「いつもありがとう」と書く。別の回では、戦いの後、ひとりぼっちで恐竜の赤ちゃんが泣き続ける場面を演じる。死と再生のテーマも繰り返されて、うんちやおしっこを食べさせる世界や高揚感や笑いで不安や悲しみを吹き飛ばそうとするような回もあった。

Ⅳ　精神分析の視点

（1）子どもの心理ケアに関わる人が精神分析を学ぶ意義について

精神分析というと何か難しいものと思われる方も多いだろう。あるいは、認知行動療法に比べて古くさくて科学的根拠がないと教えられた人もいるかもしれない。科学的根拠がないということについては、最近の研究の結果では、[14] 認知行動療法と比べて同等の効果があることや長期的な効果があることを示されつつあることを指摘しておきたい。難しいということについては、言葉がなじめないので難しく感じているけれども、精神分析の理論や用語は、私たちが日常の中で感じていることや臨床の場ではよくある現象に基づいており、それほど難しくはないと私は考えている。私自身は、そうした先入観を払拭する意味でも、そして普通の人たちと情報交換をするためにも日常語を使って精神分析的な理解のしかたを説明するように心がけている。精神分析の理論や方法は、その子どもが育ってきた歴史の中で、その子どもの心がどのように育ち、子どもが自分自身と世界についてどんな風に感じているのか、子どもが何を恐れていて何を望んでいるのか、子どもが今向き合おうとしているのはどのような課題なのか、こうしたことについての理解や視点を私たちに与えてくれる。精神分析的な理解のしかたを学ぶことは、子どもの心の問題の理解のためにとても役立つものだし、過酷な体験をしてきた子どもたちや深い病理を抱えた子どもたちへの心のケアにおいて欠かすことのできない基本的な素養だろうと私は考えている。[3]

(2) 無意識と対象関係

精神分析の基本的な考え方の一つは、私たちの行動は意識できる気持ちや意図だけで動くのではなくて、意識できない奥底の願望や感情で動かされることが多いと言うことである。私たちは、あまり考えたくないことや思い出すのが辛いことは心の片隅や憶測にしまい込んでしまっている。見て見ぬふりをしている。しかし、そのように押し込めてしまっている気持ちや記憶が思わぬ形で私たちの行動や思考に影響を与えるのである。精神分析の立場に立つ人たちは、私たちの心の中には、自分自身や他の人間についてのイメージや対人関係についての固定的なモデルが存在していて、それによって現実の対人関係も影響されることも多いと考えている。そのモデルが形作られる時には、その人自身の乳幼児期の体験が大きく影響しているが、その人が生まれつき持っている気質や資質も影響しているると考えられる。そうしたモデルのことを精神分析の世界では「対象関係」呼ぶ。自分のイメージも他者のイメージもバラバラでまとまらず、人は信じられないし、いつ攻撃されるかわからないという恐怖感がある一方、その恐怖を認めようとせずに強がっている気持ち（万能感）も動いているような対象関係の状態にある人は、対人関係の場面でも安定せず、せっかくできた人間関係も壊してしまいがちである。児童福祉施設にいる子どもたちの対象関係はこのような恐怖感や万能感に彩られている。人が情緒的に成長して、ばらばらだった身近な人についてのイメージ（対象表象）がまとまってくると、相手との関係の中で後悔の気持ちや悲しみの感情を心に抱くことができるようになる。しかし、児童福祉施設にいる子どもたちは、後悔や悲しみを感じるレベルに発達していないことも多いのである。

（3）転移という概念の有用性

人の心の中にある対象関係は、家族や身近な人との関係の中で形成されるのだが、その後の新しい人間関係においても影響を与える。人間関係において、私たちは、同じようなパターンを反復する傾向がある。生活上のケアをする人や医療関係者、プレイ・セラピーなどの心理療法を行う人との人間関係においても、それは同様である。人に不信感を持ち、人と深い関わりを持つことを恐れている子どももいる。それでいて、心のどこかで、自分に優しくしてくれて、何でも与えてくれて、綺麗だったり、かっこよかったりする理想的な大人がいてくれたらと空想している。一定期間、関わりをも持つ大人が、自分を理解してくれず、自分を傷つける大人のように感じられるようになることもあるし、理想的な大人が現れたように感じることもあるだろう。恋愛の対象になる人もいるし、汚い「エロイ」大人としてさげすまれることもある。自分を傷つけるような否定的な大人のイメージは、まだ仕事を覚えていない新人の職員や気の弱そうな職員や職員集団の周辺にいる人に投げかけられることが多い。しかも、同一人物に対してのイメージがころころ変わることも少なくない。このような転移によって、職員集団が動かされるために職場の中の人間関係がギクシャクし、処遇方針をめぐって対立が生まれることもある。大切なことは、そこで子どもの転移のありようや集団の中で何が起きているかについての理解を職員間で共有することである。共有するための有力な方法がケース・カンファレンスである。

個人心理療法を行っている場合には、そこで展開しているその子どもの内面世界と施設内のその子の行動の関連を見ていく必要がある。個人心理療法の中でセラピストに対する不満や怒りのような負の感情が話題にならずに、良い子でいようとすると、現実場面のケアにおいては悪さをしたり人を傷つけたりするような行動がエスカレートすることがある。その逆に、現実の生活において良い子で、セラピーの中で悪い側面を出せている場合には、心の奥底でケアをする職員に嫌われることを恐れて生活場面では良い子にしていると考えられる。大切なことは、これらの一見矛盾する言動の背後にあるものがどのようなものかを感じ取ることである。子どもの心には様々な側面があり、子どもの内面が分裂して表現されることはよくあることであり、意識的に使い分けたり振り回そうとしたりしているわけではないことである。今ここで、子どもが心の中の様々なものが表現されているのだという理解は大切である。

V　医学的視点

児童福祉施設で子どもの心理面でのケアを行い、発達を支援を行う際に、医学的な視点も必要である。児童福祉施設においては、発達障害の子どもの割合は多い。発達障害の傾向を持つ子どもたちが育てにくさのために虐待の対象になりやすいということもあるが、ネグレクトや虐待を受ける体験や養育者を失う体験によって、愛着の障害が生じるだけではなくて、多動傾向や自閉症類似の状態、あるいは知的能力の発達の遅れが生じると言われている。乳児期に激しく頭部を揺さぶられたり、殴られたりすることによって、脳に挫傷や白質の損傷などのダメージが生じる場合もある。また、胎児期に母親が多量のアルコールを摂取することによって、あるいは覚醒剤やコカインなどの薬物を乱用することによって、脳に不可逆的な変化が生じる可能性もある。脳の機能の問題があることが予想された場合には、神経内科的な診察をしたり、脳の形態の変化を見る検査（ＣＴやＭＲＩ）や脳の電気的活動や機能をみるための脳波などの検査を行ったりすることもある。

虐待やネグレクトなどの理由で児童福祉施設に措置される子どもたちは、遺伝的にも胎生期環境についても、出産後の養育環境においても、様々の複合的なリスクを負わされている。施設にいる子どもの発達に問題が見られた場合に、それぞれのケースについて、遺伝的な要素、胎生期環境、養育環境がどのように、そして、どの程度関与しているかは、医学的な評価を行っても、必ずしも明確にはならない。しかし、てんかん性の脳波異常や明らかな多動傾向があり、症状として意識の変容や多動傾向のある子なら、薬物療法を試してみる価値がある。遺伝的要因、胎生期環境、養育環境についての知り得る範囲の情報や医学的な評価は、その子どもへの支援のあり方について考える際に重要な情報として役立つのである。これによって、ある程度、脳の異常の関与が推測できるし、薬物療法や作業療法士や言語聴覚士によるリハビリテーションの必要性も検討できる。

Ⅵ　応用行動分析の視点

私は精神分析的方法論を用いる精神科医であるが、行動上の問題が頻発するようなケースでは、薬物療法の他に、応用行動分析の方法を生活ケアの中に導入することを助言することはある。応用行動分析は、問題となる行動がどのような環境のどのような刺激の下で生じやすいのか、そして、その行動を起こした結果、その子どもの心身や生活環境の中で起きることがその行動を増やすことに関係しているのかをまず分析することから始める。例えば、世話をしてくれる大人が一人いる状況で、A君とB君が自分を優先的にケアしてもらおうとして競い合い、その中で喧嘩が起きて、A君がB君を殴ってしまうという事態が起きたとする。職員が、A君を抑えようとしてかかわっているうちに、A君がさらに興奮して大声を出して、その職員を叩き始めてしまい、A君が落ちつくまで二〇分以上関わり続けたとする。このような時には、A君はずっと関わり続けてもらい、B君は放置されていることになる。こうしてA君は、暴力を振るうことで結果として、職員にかまってもらえることになる。このようにして、A君の暴力の頻度はなかなか減らず、むしろエスカレートすることになる。このように問題となる行動が続く状況を分析して、その上で、目標を設定し、行動を記録・評価し、落ちつかせる場所の設定も行い、望ましい行動ができたときのご褒美も考えるなどの方策を組み立てて、それを施行してみる。そして、それを一定期間施行して、その効果を評価し、さらに次の方策を考えるといった手順で、行動を変化させることをねらうのが応用行動分析である。望ましい行動をした回数を記録し、「頑張り表」やグラフにして視覚的にフィードバックすることや、望ましい行動をするたびに○をつけるかシールを貼って、それが一定数溜まったら何らかの楽しみ（お菓子・職員との外出・ゲームなど）と交換できるシステム（トークン・エコノミー）を導入するとより効果が上がりやすい。

他に、認知行動療法的なプログラムとして、怒りなどの感情を認識して、それをコントロールするスキルを、集団または個人で子どもたちに教えておくということも一定の有効性が確認されている。なお、応用行動分析は、オペラント条件づけ（ある行動の頻度が、その行動の結果、良いことがあると増えて、何も良いことがないと減る現象）に注目する方法のことを意味する。一つの方法論として特化していて、分析や介入の方法も一貫した方法として確立しているために、独立して応用行動分析と呼ぶのである。その行動の頻度を増やすものを好子（強化子と呼ぶ学者もいる）と呼ぶ。認知行動療法は、応用行動分析のほかに、認知（考え方や感じ方）の修正や古典的な条件反射の理解に基づいた不安のコントロールなどの技法をひとまとめにした言い方である。難しいことはともかく、応用行動分析の重要な点は、問題を起こすたびに関わりが増えて問題がエスカレートする悪循環を、望ましい行動をすると良いことや楽しい関わりが増えて望ましい行動が増えるという良い循環に変えていくということにある。この場合に、「望ましい行動」という言葉にひっかかる人がいたら、それは子どもにきちんと関わっている人だと思う。真の「望ましい行動」は、その行動をすることによって、その子にとって生活が楽になったり楽しくなったりして、結果としてその子の成長発達につながっていく行動のことを意味している。望ましいという判断は、大人の狭い価値観に基づくのではなく、その子どもの生活全体や発達を見据えてものでなければならない。「望ましい行動」を増やすと言いながら、大人にとって都合の良い行動や見せかけだけ良い子にする行動を奨励することがないように注意が必要である。

Ⅶ　職員のメンタルヘルスへの対応

児童福祉施設の仕事は、多くはシフト制ではあるが、昼間だけではなく、夜も子どもたちの世話をしなければならない。身分が長期間保証された常勤の職員だけではなく、臨時の職員も少なくない。給与水準も高いわけではない。子どもたちは、様々の問題を抱えていて、その子たちを少数の職員でケアする必要がある。起こしたり寝かせつけたり、服を着替えさせたり、食事の世話をしなければならない。登園や登校の準備もある。洗濯や入浴の世話もある。片付けや掃除もしなければならない。健康面や宿題の様子も見る必要がある。日々の記録に加えて、ケア計画やケース・カンファレンスの資料作成などのデスク・ワークもある。行事の準備や研修会の準備もあるだろう。その上に、子どもの行動上の問題への対処がある。親などの親族や里親への支援もあり、幼稚園・学校の教師との連携もあり、児童相談所や区や市との連携もある。児童相談所と意見がぶつかる時もある。毎日が忙しく、肉体疲労もたまるし、ストレスは大きい。施設の管理職が理解のある人ばかりではない。嘱託医も役に立つとは限らない。

施設の仕事は本当に大変な仕事であり、その中でうつ的になったり、身体の不調を訴えたりする職員は少なくない。こうした職員のメンタルヘルスへの対応を嘱託医が求められることもある。職員の秘密は守る必要はあるが、愚痴の聞き役になりながら、職員自身の許可を得て管理職に処遇や人事異動についての意見を言ったり、医療機関などの専門家につなげたりすることもある。こういう時は、どちらかというと外部の中立的な人間として動くのがよい。心理ケアについてのコンサルテーション活動の際にも、こうした職員側の負担を考慮する必要がある。子どものケアに重きを置きすぎて、職員に過剰な労働を強要するようなことになれば、結局は離職率を高め、ケアの質を落とすことにつながるだろう。

Ⅷ　職員の問題行動への対処

職員の問題行動の中でも子どもへの直接的な暴力や性加害は可能な限り避けなければならないが、それを完全に防ぐことは難しい。暴力の方は、熱心に関わり、その子どもの行動を何とか変えようと努力する中で起きることもあるし、その職員の個人的な特性や職員自身の生育歴が関与していることもあるだろう。性加害については、男性職員によるものが多く、もともと小児性愛（小児への同性愛も含む）の傾向のある人が性加害を目的として施設に潜り込むことがある。施設間で情報を共有しても、この種の人は地域をまたいで移動することも多く、雇用するリスクをゼロにはできない。身元のしっかりした地域の中で生活している人を雇用することが大切ではある。暴力の方は、暴力を振るうことが目的で就職する人はあまりいないので、どの職員でもそうした問題を起こす可能性はあるだろう。

一旦、起きてしまった場合には、性加害の場合は通常は警察に知らせるとともに児童相談所にも報告し、犯罪の事実が確認されれば懲戒解雇になるだろう。事実が不明確でも疑いが濃い場合には、子どものケアに関わる仕事をさせないという対応を取ることになる。暴力も、程度によるが、ほぼ同じ対応になるだろう。

問題は子どもへの対応であるが、嘱託医も含めて施設の中での対応には限界があり、児童相談所が子どもの心理面の対応を行うことになる。しかし、その子が施設に留まる場合には、日常のケアや施設内の心理療法においても、性加害や暴力の影響を長期的に見ていく必要がある。

職員間のハラスメントの問題もかなりの頻度で見聞きするが、嘱託医として対応した経験はない。処分の決定プロセスが不透明であったり、処分が甘かったりすることもあり難しい問題である。民間の施設で理事長や施設長によるハラスメントがある場合には、十分な予防策が取れない場合もあるかもしれない。包括的な外部監査制度（第三者評価）も導入されているが、今後、ハラスメントの被害を受けた職員が個々の案件について相談ができるような機関が必要だと思われる。

Ⅸ　調査研究

首都圏でコンサルテーションの仕事をするようになってから、児童福祉施設に関わる大学などの研究者がかなり多いことに驚くことがある。私たちは知らず知らず、研究目的で、児童福祉施設の子どもたちを一方的に利用しているかもしれない。私のコンサルテーション活動自体が一種の臨床研究になっているので、人ごとではない。ひるがえってみると、歴史的にみて、ルネ・スピッツやアンナ・フロイトやジョン・ボウルビィなどの孤児での研究や臨床活動が子どもの剝奪体験や虐待の心理的影響についての理解を深めたことは事実である。最近では、英国のマイケル・ラターや米国のチャールズ・ジーナーらのルーマニアの孤児に関する研究もある。児童福祉施設は、児童精神医学、臨床心理学、発達心理学、児童福祉学などの専門家の格好の研究フィールドになる。しかし、私たち臨床家や研究者は、基本的には子どもやその養育者の立場を尊重し、十分に意味のある研究を十分な説明と同意（養育者の場合はコンセント、子どもの場合はアセント）のもとで調査研究を進めることが望まれる。そのような配慮をすると、子ども自身への調査はかなり難しいものである。私自身は、その結果、職員に対する調査のお願いをするに留めてきた。ただ、その調査研究が、施設のケアをあまり邪魔しない方法で、職員や養育者や子どもにとってもメリットがあるようなものであれば、実施してよいと私は考えている。この分野の心理ケアの質の向上のためにも、子どもの心についての理解の向上のためにも、客観性のある調査や深い質的な分析を伴う臨床研究を、積極的に進めていき、その成果を国や自治体の政策に反映させ、一般の国民にも知らせて行くべきだろう。この研究成果の周知という点でも、日本は遅れを取っていると思う。ラターやジーナーらは、すぐれたデザインのインターネット・サイトを持っているし、多数の書籍も出版している。

6　児童福祉施設における力動的心理療法の実際

Ⅰ　心理療法の設定

（1）心理療法の場所

児童福祉施設という場所は、かなり特殊な臨床の場である。ほとんどの場合、生活の場と心理療法の部屋が近接していたり、重なり合ったりしている。子どもたちの多くは、教育の場にも同じ施設の子どもがいる。さらに、小舎制などの施設では、職員の生活の場と子どもたちの生活の場が重なっている。施設の子どもたちの多くは、大人が適度な境界線を引くことができない環境で育ってきた。だから、心の中のことを自由に遠慮せずに表現できる場所は、できれば生活の場とは少し離れていた方がよいのである。子どもは、誰がセラピーを受けているのかを知っていることが多いし、いったい密室で何をしているのか、強い嫉妬心やねたみの気持ちを抱きつつ、できれば覗き見したいと思っている。あるいは、自分もそこで遊びたいと思っているかもしれない。セラピーを受けていない子は、なぜ自分がその機会を与えられないのか不満に思っていたり、「あれは障害を持った子のものだ」と思っていたりする。

ある施設で、心理療法を導入した時に、小学生以上の年代では、過半数の子どもが心理療法を受けることになった。それに対して不満を持つ子どもが多く、その子たちの中で、施設内に置かれた「目安箱（苦情受け付け箱）」の中に「なぜ自分はセラピーを受けさせてもらえないのか」という不満を投書する子が何人もいた。しかたなく、セラピストが、数回の「お試し」心理療法を募集したところ、何人かの子どもが希望を出してきたのである。心理療法を「お試し」して見ると、その子たちにも深刻な外傷体験や剥奪体験があって、表に出なかった様々な思いを秘めていたり、心の病理を持っていたりすることがわかった。結局、数回で終わらずに、心理療法を継続せざるを得なかったということがあった。当たり前のことなのだが、児童福祉施設にいること自体が、深刻な剥奪体験をしているということであることを私たちは改めて実感させられた。そして、心理療法担当者とコンサルタントの私は、親の病気などの虐待以外の理由で施設にいる子どもで、明らかな虐待やネグレクトを受けてないとしても、心理療法のように、定期的にきちんと心の動きを察知して伝え返してもらう体験がこの子たちには必要なのだということを学んだ。

心理療法の場での転移が深まっている中で、セラピストが心理療法で担当している子どもが生活しているユニットで子どもたちをケアしようとした時に、嫉妬心のために子どもたちが不安定になるケースを私はいくつも見聞きしている。精神分析的な方法論を大切にするなら、心理療法をする人の日常生活でのケアは最小限に留めるべきであろう。生活の場で何が起きているのかを知るためには、心理療法を担当する前に一定期間生活ケアに加わる体験をしておくなどの対処がいいであろう。濃密な時間を過ごす心理療法を行わずに、日常生活の中で心理学的な智恵や方法を生かしたケアを行おうとするならば、それはそれで一つのやり方だと思う。その場合、介入方法としては、応用行動分析や認知行動療法などの内面に深く入り込まない方法をセラピストは用いた方がよいだろう。

(2) 心理療法室の家具と置く物

心理療法を行う部屋は、それほど広い必要はない。四畳半では狭すぎるだろうが、畳で言えば十畳あれば十分だろう。比較的大きなテーブルとデスクと椅子が三脚くらいあって、壁際に棚があって、そこに筆記用具やクーピー（あるいはクレヨン）や画用紙や粘土や折り紙と安全なはさみとのり、人形、動物のおもちゃ、ぬいぐるみかパペット、積み木、ドールハウス、ミニカーや電車のおもちゃくらいがあれば十分である。クッションやボールくらいはあってもよいだろう。できれば、子どもごとに作品や子ども専用のおもちゃを入れる箱が用意されていた方がよいだろう。その箱は可能なら別室に置かれていた方がよい。精神分析的心理療法の場合、気持ちを発散させることや一緒に楽しむことを治療の目標にはしていない。もちろん、気持ちを表現することは大切にするし、楽しいプレイフルなやり取りができることも必要なことだが、それが目標ではない。精神分析的心理療法は、子どもの中の好ましい健康的な領域や交流や成長を願う動きだけを見るのではなく、嫉妬心や不信感、怒りなどの陰性の感情や意地悪で自己破壊的で交流や成長を阻害する心の領域に目を向ける。そして、子どもの心の中で何が起きていて、それがセラピストなどの関わる人との関係性の中でどのように表現されるのかを明らかにしようとする。そして、それらの表現はできあいのものではなく、置いてある物を使いながら、創造的に生み出していくものを大切にする。それ自体が面白いもの、遊べてしまうもの、例えば、人生ゲーム、野球盤、サッカー盤、ゲーム機、トランプ、ままごとセットなどは、必要ない。箱庭も必要ないだろう。箱庭を使ったら、箱の中に入り込む子や砂を全部出そうとする子など、枠にはまりにくく衝動的なのが施設の子の特徴なので、使ってもよいことはあまりないように思う。砂の気持ちよい感触を楽しむことができるというメリットもあるが、あまりお勧めはしない。高価な箱庭セットを買うなら、それぞれの子ども用の専用の箱やケースを用意した方がよい。また、置くおもちゃ類は、壊れやすいもの、とがったもの、過度に攻撃性を刺激するものは避けた方がよい。シンプルで素っ気なく見えるくらいの部屋がよいのだということである。

（3）心理療法の時間設定

心理療法の時間は、施設の場合、どうしても生活のリズムの影響を受ける。食事、入浴、学習の時間、学校生活（学校行事や部活）などを考慮して、あまり邪魔にならない時間設定ということになる。そうすると、幼児や小学生が昼間から夕方にかけてで、夜は中高生ということになりやすい。ただ、夜の九時過ぎの遅い時間帯の心理療法の施行には注意が必要である。食事や入浴といったプライベートな行為をするのと同じ時間帯に心理療法が行われるということでもある。寝るまでの時間が短く、心理療法で呼び覚まされた興奮が残っていて、睡眠や生活単位の中での行動に影響が懸念されるし、思春期の子どもの場合、セラピストが異性なら夜遅い時間の面接は性的な刺激を受けやすくなるということもある。

心理療法の時間の直前に、宿題をやっていなかったりルール違反や問題行動が発覚したりしたために、職員が指導したり叱ったりしていることもある。そのために面接時間に遅れてくる子もいる。職員の中には「悪いことをしたのにセラピーの部屋に遊びに行くのはどうなのか」と考える人もいるだろう。これも、日常生活と心理療法が近接しているために起こってくることだろう。考えてみてほしい。心の問題を抱えた子どもの自宅の隣の家に相談室があって、生活の合間にそこに行って話をするという状況とこれは同じことなのである。そして、施設内の心理療法の場合は、外部の専門機関に相談に行くのと違って、心理療法の優先度は下がりやすいのである。それを「職員の理解がない」というように否定的に受け取るとセラピストは孤立感を抱いてしまうだろう。心理療法の枠を守ることの大切さは、少しずつ理解してもらうしかない。子どもの精神分析的心理療法が、楽しく遊ぶだけが目的ではなく、また、日常生活での問題について話しあって解決するというものではないということも徐々に理解してもらう必要がある。セラピストは、毎日の申し送りや生活単位の会議などの職員とのミーティングや定期的なケース・カンファレンスの中で一般の職員やFSWなどと意見交換を行い、精神分析的心理療法という方法についての理解を伝え続けると同時に、心理療法の中で感じ取った子どもの心の動きに基づいて、生活の中での子どもの行動の意味や予測される問題行動についても職員に伝え、一緒に考えて行くというセラピスト側の努力も必要である。私が長い期間関わってきた複数の児童養護施設では、こうしたセラピスト側の努力と私のコンサルテーション活動の結果として、心理療法の枠組みや意義について職員の理解も進んでいる印象はある。

セッションの時間は四十五分がいいだろう。施設の子どもたちは退室しぶりも多く、セッションとセッションの間の時間は十五分みておいた方がいいからである。頻度は可能ならば、週一回が良い。もっと頻度が高い心理療法を行うと実際に一人のセラピストが担当できる人数が減ってしまうことになる。公的資金によって運営されている福祉施設という性質上、なるべく広く公平に子どもたちにサービスを提供することが求められるのである。しかし、隔週や月一回がいいのかと言うと、それでは、子どもの心の動きにセラピストがついていけないことが多いだろうし、セッションの間隔があくと、その間の外的な要因の影響も大きくなり、治療状況や転移感情の動きを読み取ることが難しくなるので，少なくとも精神分析的心理療法としては成りたちにくいのである。週一回、同じ曜日の同じ時間というリズムは、子どもたちを支え、セラピスト側の面接プロセスの理解を助けるのである。隔週放送されるドラマを逃さずに見続けて、その世界に感情移入できるだろうか。少なくとも私にはそれはとても難しいことである。時には、月一回のセッションの中で様々のことを読み取ることができて、その子どもの心の問題の軽減や発達促進に寄与することはあるかもしれないが、それは特殊な例だと私は思う。施設の中でセラピストの提供できる個人心理療法のセッション数には限りがあるので、心理療法を受けていない子どもたちには、グループ・セラピーを導入することや生活ケア職員との子どもの心理についての理解を共有するという形でサービスを提供することも考えるとよい。

Ⅱ　アセスメント

アセスメントについては、すでに「施設での診察の方法」と言う項のところで述べたことと重なるかもしれない。ただ、心理療法を施行する際のアセスメントの基本は、試行的にふだんの心理療法と同じ構造で子どもと会い面接を行うということである。小学生くらいまでの子どもの場合はプレイを用いる面接を、思春期以降なら主に言葉を使った面接を何回か行うこと自体がアセスメントになる。アセスメント面接と心理療法の面接との間には連続性があり、全く違うことをするわけではない。しかし、私の考えでは、アセスメント面接は回数を決めて、「あなたのことをもう少し知りたいし、これからどのように心理療法を進めて行くかを考えるための面接である」という意味のことを最初に伝えるべきである。そのように伝えることで、何回かのアセスメント面接のセッションの中で、子どもは自分の心の病理や心理療法への期待をうまく表現できるのだと思う。時々、一部の行政の相談機関で見られる「ちょっとこっちの部屋で遊ぼう（お話ししよう）」というような導入のしかたは望ましくないと思う。きちんとした礼節を守った導入と設定によって、短い出会いの中でも、人は自分の心の問題の全貌と生きてきた歴史の全体を表現できるものなのである。心理療法は、同じようなプロセスの反復であり、すでに述べたようにフラクタル構造なので、数回のセッションは、その人の心のあり方全体を反映するものであり、それを読み取るには個人的センスと訓練が必要である。アセスメント面接においても、すでに転移は動き始めており、それについて試みの解釈（言葉で理解を伝えること）を行い、子どもがそれにどのように反応するかをみることもアセスメント面接で大切な要素である。言葉を使った面接の場合に、言語的なやりとりだけでは不十分と感じるなら、描画を導入してもよい。知能テストなどの心理検査は、可能ならアセスメント面接を担当するセラピストとは別の人が行った方がよいだろう。心理検査の構造化されたアセスメントからも様々情報は得られるが、面接と心理検査では関係性のあり方がかなり異なっているので、必要なら別の人が行うか、あるいはアセスメント面接の前に施行しておくのがよいと私は考えている。学派によっては、心理検査は余計だという考え方もあるかもしれないが、面接だけを万能視することがよいと私は思わない。この考え方は、児童精神科医でもある私のバイアスかもしれない。

アセスメントの結果は、職員だけでなく、子ども自身にも伝えた方がよい。心理療法の始まりは、厳密に言えばアセスメント段階から始まる。もともと、アセスメント面接自体が、心理療法のお試し体験とも言える。そのお試し体験の中でセラピストが理解し見通したこと（見立て）について、子どもにも言葉で伝えることによって、心理療法の意義についての子ども自身の理解も深まり、治療面接への心の準備ができるのである。三歳の子どもであっても、その子にわかる言葉でセラピストの見立てを伝えることが大切である。

Ⅲ　目標と方法（年代別）

施設における心理療法の目標は、医療機関や教育相談機関とは違う。その子の抱えている問題の重さ、予想される措置期間によっても異なってくる。児童養護施設の子どもたちが抱えている問題は重く、多岐にわたっている場合が多いのだが、どこを目ざすのかを意識することは大切である。長期間の措置が予想される場合は、長期的な関わりの中で、自分の心の動きを理解し、人にそれを伝えられるようになることや、人間を信頼できるものとして体験できるようになること、そして、自分の心の中の病理的な部分に支配されずに、大人や仲間との間で一定の情緒的な交流が可能になることを目指してもよいだろう。しかし、措置期間が半年や一年程度の可能性が高いならば、問題行動の頻度を下げることや、困った時に助けを求められることを目標にすることもあるだろう。虐待やネグレクトを長期間体験した後に思春期になって児童福祉施設に入ってきた場合にも、深いレベルの情緒的な交流を目ざすことは難しいかもしれない。職員との愛着関係・信頼関係ができていくことは、効果的な心理療法を行うための基盤である。しかし、常勤の心理療法担当者の場合、生活ケアを担当する職員よりも長期間、その子どもと関わることができる場合もある。そうなると、心理療法担当者（セラピスト）の存在は、一種の愛着対象であり、ずっと見守ってくれる人ということになるかもしれない。ずっと定期的に見守ってくれていて、自分の歴史を知っている人の存在は、児童福祉施設の子どもにとっては貴重な存在である。セラピストのほかに、調理師や栄養士、事務職員、施設長などが、そのような存在になることもある。もっとも、だから、見守る存在になるということを心理療法の目標と考えようということではなく、結果としてそうなることがあると覚悟しておいた方がいいということである。その場合は、セラピストは退職した後のフォローアップも考えた方がよい。

幼児期から小学生くらいの時期は、遊びや描画などを使った面接が標準的であるが、小学生くらいの子どもの場合、言葉によるやりとり中心の方がいいこともある。いずれにしても、精神分析的心理療法の場合は、言葉によってセラピストの理解を伝える解釈という方法は子どもにも用いる。解釈に使う言葉は、情緒と思考、身体と心を橋渡しするようなわかりやすい日常語を用いるほうがよい。思春期は、そもそも個人心理療法が困難になることが多い。大人との間に距離を持つことが、この時期の子どもにとって重要であることや、第二次性徴の発現に伴う性衝動や攻撃衝動の高まりが、自分や人の心の動きを理解する力を低下させることが、思春期の子どもと深い関わりを持つことを難しくしているのかもしれない。発達の遅れている子や自閉スペクトラムの傾向のある子は、比較的、思春期になっても心理療法を受け続けるものである。思春期の後半、女子では中学三年生以降の時期、男子では高校生になると、言葉を中心にした心理療法が可能になることが多い。ただし、その時期でも言葉だけのやり取りではなく、描画などの造形によるやり取りを取り入れた方がよいケースもある。ただし、しゃべらないから非言語的な手段を使ってみようという場当たり的なやり方は、あまり好ましくない。アセスメントの段階で、どのような方法が使えるかを考えておく必要がある。思春期には、本人が音楽や本を持ち込むことがあるが、それを持ち込んでくることの意味を話し合いながら、時には一緒に音楽を聴いたり、絵を眺めたりということがあってもよいだろう。修学旅行のお土産も同じように扱うのがよい。お土産の選択には転移状況が反映されているものである。お地蔵さんのマスコットをくれたなら、自分の病理が深いけれども見守って欲しいという意味が込められているかもしれない。お菓子を買ってきてくれたなら、家族のように一緒に食べられたらという願望が込められているかもしれない。

Ⅳ　始まり

見立てを伝えた後で、心理療法の第一回が設定される。アセスメント面接の初回面接でも、その子の内面の問題が圧縮された形で提示されることが多いのだが、正式に心理療法が始まる回も同じようにその子の心の病理や葛藤のテーマが圧縮されて表現されることが多いのである。しかし、アセスメント面接と違う態度が見られることがある。アセスメントが終わった後は、通常、セラピストはより受身的になり、具体的な質問や指示は控えることが多い。子どもの自発的な遊びや語りを促すためであるが、そのやり方に、子どもの方も戸惑うことも多く、どんなことをしたらよいのか、何を話したらよいかわからず大人しくなってしまったり、固まってしまったりすることさえある。固まっていた子どもも、徐々にその場に慣れて、面接室が危険な行為以外は何を表現しても受け入れられる場所であることを理解すると、安心して、自己の問題や自分がどのような子どもであるかについて、自己紹介し始める。自分がどのような時にその施設にやった来たのかを表すように雪の中の大きな建物を描いた子どもがいた。ある姉妹は、それぞれの最初の回に同じ施設に住んでいる幼児を連れてきた。連れてこられた子どもの年齢は、その姉妹が施設に措置された年齢とほぼ同じであった。

初回面接で、トンネルに入ったり出てきたりする子やフラフープなどの大きな輪をくぐり抜ける子もいるし、箱庭の砂にキラキラ光るものを隠したり、自分の手を潜らせたりする子もいる。トンネルと出たり入ったりするというイメージは、出産と性交のイメージつながっているかもしれない。あるいは、「いないいないばあ」や「かくれんぼ」の変形かもしれない。つまり、相手がいなくなったように見えて、また目の前に表れることを喜ぶという遊びによって、親の不在を何とか自分の中で納得させようとしているのかもしれない。あるいは、本来の自分を大人（セラピスト）に見つけ出して欲しいのかもしれない。セラピーという場で、自分がもう一度生まれ変われるかもしれないという期待を表しているかもしれない。それから、大きなボールにまたがったり、そのボールを投げたり蹴ったりする子もいる。こうした遊びは母親とその身体（子宮）への攻撃の意味があるかもしれない。人形やぬいぐるみを叩いたり、投げ捨てたりする子も多いが、こうした遊びは、自分が経験した虐待を無意識に再演しているのかもしれない。もちろん、似た遊びが、いつも同じ象徴的な意味を持っているとは限らない。その意味は、前後の文脈から理解できることもあるし、セラピストが直観的にわかるときもある。身近な人たちから虐待を受けたり、十分に世話をしてもらっていなかったりした結果、児童福祉施設で生活している子どもたちは、自分の過酷な経験を理解してもらいたいと思っているし、自分がなぜ生まれてきたのか、自分の生きている意味は何なのかという問いをセラピストに突きつけてくるものである。子どもたちから突きつけられたものにセラピストはしばしばたじろぐ。学会報告では、このような体験を「セラピストは圧倒された」と表現する報告者が多い。「圧倒された」というのは正直なところだろうけれども、私たちは覚悟を決めて、彼らから投げかけられたものを受け止める必要がある。

V　転移と逆転移

遊びの中、あるいは日常生活の中のこととして表現されていた、その子の欲求や様々な陰性感情は、治療の進展とともに、徐々にセラピストに直接向かうようになる。開始時間よりも早く部屋にやってきたり、遅れてきたり、キャンセルしたり、あるいは、面接時間を引き延ばそうとしたりする。キャンセルは、「かくれんぼう」の意味があるかもしれないし、セラピストに自分の正体（マイナスの部分）を知られてしまい見捨てられると感じていて、その前にセラピストを見捨てる準備をしているのかもしれない。面接室（プレイルーム）という狭い空間に閉じ込められる恐怖を感じている場合もあるだろう。虐待を受けた子の中には、閉じ込められることへの恐怖心を強く持っている子どもがいるのである。それから、面接室の中の行動として、子どもは、セラピストを困らせるような行動をとったり、セラピストに直接ものをぶつける遊びをしたり、「ここはつまらない」と言ったり、面接室の中のものを盗んでいったりする。ものを盗んだことがはっきりしている場合には、本人がそれを認めていなくても、ものを盗りたくなる気持ちについてこちらの理解を伝える必要がある。セッション中にトイレに行きたくなる子どもも非常に多い。その場合に、自分の中の陰性感情や性的衝動や悪い考えを処理しなければならなくなるのかもしれない。トイレに行くことは認めざるを得ないが、必ず、その意味を考え、それを言葉で解釈として伝えることが大切である。キャンセルなどの動きも同じように言葉による解釈で扱う必要がある。

教育相談や通常の医療の中で出会う子どもたちに比べて、児童福祉施設の子どもたちの心の病理は重く、その分、セラピスト側も心を強く動かされることになる。すでに述べたように、セラピストは、たじろいでしまうこともあるだろう。胸が張り裂けそうに可愛そうに感じることやずっと味方になって守ってあげたいと思うこともあるだろう。しかし、何もできないことに罪悪感を持ったり、密かにうとましく思ったり、恐怖感を抱いたりするかもしれない。彼らは、たった週一回の心理療法だとしても、つきあうのが大変な子どもたちである。

こちらがたじろいで転移を話題にしなかったり、子どもの側が深い関わりを恐れていたりすると、延々と同じような退屈な遊びや会話が続くこともある。このような膠着した状況では、自分が治療の場で感じていることをスーパーバイザーや心理療法を理解している同僚と話し合うことが必要になるだろう。セラピスト自身が人と深く関わることを恐れている場合も少なくない。セラピストが子どもの病理を軽く見立てていて子どもの良いところだけを見ようとしているために、心理療法が進展しないことがある。逆に、子どもの病理的な領域だけを見ているために進展しないこともある。子どもの成長を願う健康な側面と病理的で心理療法の足を引っ張る側面の両方を見据えて、解釈を行う必要がある。解釈の言葉は、日常使われる「ひらがなの言葉（大和言葉）」で端的な表現を使うべきである。長い解釈は、なかなか子どもの心には届かない。しかし、単純に、一方向の気持ちだけに焦点をあてた解釈も心に届きにくい。病理の部分と成長発達につながるより健康な部分の両方にふれた解釈の方が、子どもの心に届きやすいものである。例えば、「ここに来ることは、いろいろなことができて楽しみでもあるけど、なんだか閉じ込められるようで怖いことだよね」とか、「私に甘えたいなとも思うけど、いやなことを言ったりするから、私をいじめたくもなるね」というような返し方を心がけるべきだろう。もっとも、まだまとまった解釈ができない状況では、子どもの遊びや言葉に対して、「ぎく！」「ひゃあ」「わくわくだね」「どきどきするね」などの擬音語や擬態語で応じたり、身振り手振りで応じたり、「困ったな」「なんだか同じことが繰り返されているね」など多少の自己開示をすることは必要なことである。子どもの遊びに積極的に関わる必要はなくても、こうした遊び・会話に寄り添うような態度は、遊び心のあるやり取りのために不可欠である。

転移は、遊び、描画、夢、日常生活の言動、遅刻やキャンセルや退室しぶりなど、様々な形で表現されるものである。セラピストは、常に、心理療法の流れの中で、それらの現象の転移としての意味を考える必要がある。そのために、自分が体験している感情（逆転移）や自分の中で浮かんでくるイメージが重要な手がかりを提供するものである。精神分析的心理療法は、常に、面接の場で何が起きているのか、心理療法の流れの中で全体としてどのようなことが起きているのかを自分の中でモニターする必要がある。しかし、子どもの心の動きに巻き込まれて、冷静な判断ができなくなることもある。そういう時には、初心者はもちろん、ベテランであっても、子どもの心理療法の専門家から、個人スーパービジョンや回数限定のコンサルテーションを受ける必要があるかもしれない。少なくとも一人で抱え込まないことが大切である。一人で頑張りすぎると、最後のところで、子どもを突き放してしまい、心理療法のプロセスが壊れてしまうことがある。

子どもが危険な行動を取ったり、セラピストの身体を触るなどの性的な行動を示したりしたときには、その行動をすることはこの場では認められないということを伝える必要がある。私が指導していたある女性のセラピストは、自閉スペクトラム症の傾向もある男児が性的行動を取ろうとするとストップと書かれた小さいプラカードを提示して、その行動を止めることに成功した。ただし、何回も注意しているのにそのような行動を続けてしまう場合には、その時の面接を中止することもあり得るし、面接全体の継続についても話し合うことになると伝えるべきであろう。

Ⅵ　中断への対応

児童福祉施設における心理療法は、比較的長く続くことが多い。施設という性質上、心理療法も全体のケアの中に位置づけられていて、本人とセラピスト以外の大人の事情で中断することがないからである。小学生以下の子どもの心理療法では、セラピストと親（養育者）との間に一種のライバル関係が生じて、心理療法によって良い結果がもたらされているとしても、養育者はその結果を素直に受け止められず、心理療法を中断させてしまうことが少なくない。子どもが心理的な問題を示したということが子育ての失敗を意味すると感じている親にとって、子どもが楽しそうに心理療法に通って良くなっていくことで、親としての能力のなさや自分の心の問題を突きつけられるように感じるものなのである。その結果、親はセラピストを妬ましく感じて、心理療法を早急に終わらせようとすることがある。実は、児童福祉施設の中で、セラピストと生活ケアの職員の間で、同じようなライバル関係が見られることはあるのだが、少なくとも早急にやめさせるところまでは行かないことが多い。セラピストは、生活ケアの職員の気持ちを察して、子どもの心理ケアの中で心理療法と生活ケアがどのように役割分担するのかなど、子どもの心理ケアについて担当職員と時々意見交換を行う必要がある。

子どもの側の抵抗として面接を回避するようになり、中断してしまうケースもある。子どもが自分の心の中のことを表現すると、セラピストが自分を嫌いになったり、軽蔑したり、傷ついたりするのではないかと不安になり、それ以上の心理療法の進展を避けようとするかもしれない。この場合にも辛抱強く枠を守って、子どもが面接にやってくるのを待つことと、子どもの面接への肯定的な気持ちと面接を避けたくなる気持ちの両方を理解し、言葉で解釈として伝えていくことが求められる。子どもが責められたと感じないように言葉を選び、しかし、子どもの面接をめぐる思いについてセラピストが理解しているところを伝えるのである。なお、幼児期や小児期から心理療法を行っているケースが中学生くらいの年代に到達した時には、子どもは一旦心理療法の終了を求めて来ることは多い。中学生年代は、仲間関係が大切になり、大人との距離を取る必要がある時期であるし、性衝動や攻撃衝動が高まっていることを自覚する時期でもある。そのために、特に異性のセラピストと二人だけで面接室で過ごすこと自体が葛藤的になりやすい。そうした事情で一旦心理療法を終結、もしくは中断することはやむを得ない。中学生に対する心理ケアは、集団精神療法やアンガー・マネージメントやソーシャル・スキル・トレーニングのような認知行動療法的なプログラムで対処した方がよいと私は考えている。ただし、少数の例では、中学生になっても心理療法が継続することはある。自閉スペクトラム症や知的能力障害などの発達の障害を持つ例や、同性のセラピストが担当している例では、継続する率は高くなる。

家族再統合のプロセスが進んで、自宅に帰ることができる例や、やむを得ない事情で別の児童福祉施設に措置変更される場合など、心理療法が中断することがある。この場合、心理療法の最後の数回のセッションは、自宅に帰ったり、別の施設に行ったりすることに対する気持ちや現在の施設から離れて心理療法も中断することへの思いを中心に面接を進める必要がある。そして、可能な範囲でセラピストと年賀状やメールなどのやり取りができるような配慮をするとよい。もともと人とのつながりの体験が薄い子どもたちにとって、心理療法という特殊な関わりをするセラピストであっても、比較的長期間、自分の気持ちをくみ取ってくれて、自分の生活を見守ってくれた存在であり、一種の愛着の対象なのである。そのことをセラピストは忘れてはいけない。実際は、そういう子どもたちが連絡を取るとしたら、施設の生活ケア担当職員やファミリーソーシャルワーカーである確率は高いのだが、手紙やメールのやり取りができるような配慮はした方がよいと私は思う。

Ⅶ　終結とセラピスト交代について

児童福祉施設の心理療法においては、セラピストと子どもの双方が納得して終結することは意外に少ないだろう。措置解除・措置変更あるいは十八歳になって施設を出て行く時やセラピストが退職する時に一旦その心理療法は終結となる。セラピストの交代の際には、心理療法は継続するのだが、むしろ「そのセラピストとの心理療法は終結し、次のセラピストとの心理療法が新しく始まる」と考えておいた方がよい。そして、長期間心理療法を継続してきたケースでは、原則としてセラピストの退職は、三カ月以上前に伝えるべきである。お別れの作業をそのセラピストとしておかないと、喪の仕事が止まったままになることがある。いずれにしても終結にあたっては、お別れの作業をしながら、それまでの心理療法と施設の生活の中でその子が成長した点や行動上の問題が改善した点とこれからの課題についても話し合う必要がある。セラピストの交代をする場合には、早い時期に現在のセラピストと次のセラピストが直接あって、情報交換をすることと、現在のセラピストが子どもと次のセラピストを引き合わせることが望ましいと考える。(10)

Ⅷ　短期間の面接

児童福祉施設の子どもたちの問題は根が深く抱えている心の病理も重いことが多いので、短期間で解決するものではなく、長期間にわたることが多い。すでに述べたように、その子にとっては、セラピストが愛着対象のようになっていることも少なくない。それで、思春期に入って子ども自身が面接を嫌がるとか、子どもが自宅に帰るとか、セラピストがやめるなどの理由がないと、なかなかやめられないことも多い。ただ、数回の短期間の面接に全く意味がないかというと、そうではない。子どもが特定の問題について相談したい時や子どもが施設を出る間際には、これまでの施設の生活を振り返り、施設を出た後についての不安を受け止めるための面接を数回設定することは大きな意味がある。そこではセラピストへの転移ではなく、施設全体への転移が扱われる。自分を支え育ててくれた施設への感謝の気持ちを抱きつつも、施設の子どもたちは自分が施設の職員からどこまで理解してもらえていたのかわからないし、自分がだめな存在と思われているのではないかという気持ちも持っていたりする。様々の恨みを持っていることもあるだろう。そうしたことを短い期間でも受け止めて理解することはその子のこれからの人生の支えになるだろう。

Ⅸ　心理療法のスーパービジョン

すでに述べたように児童福祉施設で生活している子どもたちは、喪失体験や被虐待体験など、養育歴の中で過酷な経験をしてきていて、心の病理も重いために、セラピストの側も様々の感情を体験し、ストレスを感じることがある。施設の心理療法を実施している心理職の人たちが、十分に子どもの心理療法や心の病理について学んでいるとは限らない。そのような場合には、施設内外の心理療法の専門家に個別指導（個人スーパービジョン）を受けるとよいだろう。初心者であれば、可能ならば一回のセッションごとのスーパービジョンが望ましい。しかし、子どもの心理療法について一定の研修を受けている人ならば、月一回程度のスーパービジョンもしくはコンサルテーションを受ける形でもよい。（なお、スーパービジョンは、一つの組織の中で公式に認められて指導を受ける場合に使う言葉であり、外部の専門家に心理療法担当者が個人的に指導を依頼する場合には、コンサルテーションと呼ぶのが正確な表現である。ただ、日本では、個人的な契約関係での指導もスーパービジョンと呼ぶことが多い。）児童福祉施設の心理ケアは、多職種のコラボレーションで進めるべきである。心理療法だけが心理ケアではない。しかし、心理療法と心理療法担当者は心理ケアの要に位置していると私は考えている。だからこそ、経験の少ない心理療法担当者はきちんと指導を受けていただきたいのである。私が山形県で児童養護施設の心理ケアに関わるようになった時に、心理療法担当者は必ず個人スーパービジョンを受けるということをシステムとして取り入れてもらった。今でも山形県内の複数の施設はそのシステムを保持している。児童福祉施設の管理者には、その意義を理解していただきたいと思っている。

児童福祉施設の心理療法の指導を受ける際には、守秘義務には十分な配慮が必要で、子どもの氏名・親の氏名や住所・その他個人を特定できる情報は、指導を受けるときのレジュメには載せないようにするなど配慮が必要である。そして、施設の心理ケアのシステムの一環として心理療法のスーパービジョンを位置づける形にすることが望ましい。

スーパービジョンでは、心理療法の設定のしかた、用いるおもちゃや文房具の種類、日常生活と面接室の間の境界線の引き方から、遊びへの参加のしかたについても指導を受ける必要がある。そして、遊びや会話の中で表現されているその子どもの病理や対象関係のあり方、セラピストへ向けている転移感情などについてのスーパーバイザーの理解や、解釈や問題行動への対応について意見が伝えられる。もちろん、スーパーバイザーは、セラピストの苦労をねぎらいながらも、逆転移についての指摘も行う。日本の臨床心理学の世界では、ユング派や人間性心理学の考え方に基づいた遊戯療法が広く行われていて、しかも、これだけ病理の重い子どもたちの遊戯療法の経験は乏しかった。この領域では、クライン派を中心として英国での経験は非常に参考になると私は思う。また精神分析的な治療設定もこのような子どもたちには適していると考えられる。もちろん、子どもの育つ環境の要因や子どもの持つレジリエンス（回復する力）や健康な部分にも目を配ることも必要だと私は考えている。

7　終わりに

以上、私の経験に基づいて、児童福祉施設の心理ケアについての私の考えを述べてきた。第一部は、これまで、私が発表して来た論文や著書の総まとめのような意味がある。(1、2、3、4、5、6、7、8) 今回は、先行研究の引用はほとんどせずに、私の中にある知識や経験だけに基づいて述べてきた。その意味では、いわゆるエビデンスに基づいた論述ではなく、非常に個人的な見解だと言えるだろう。現在、多くのセラピストやスーパーバイザーがこの領域での経験を積み重ねているし、クライン派や認知行動療法をはじめ、様々な理論や技法に基づいた心理ケアが試みられている。その成果が、少しずつ報告されているし、これからさらに多くの報告がなされていくだろう。その中で、経験についての情報を交換し、議論を深めて行くことが必要になるだろう。私の報告は、まだ素朴な段階の報告であり、十分な提案ができたとは言えない。しかし、現在、児童福祉の現場で心理職や精神科医として心理ケアに関わっている専門家や児童福祉施設の一般の職員にとって、いくらかの刺激になり、ヒントとなればと思っている。

第一部文献

（1）生地新：児童養護施設におけるメンタルケアの現状．小野善郎編：子どもの福祉とメンタルヘルス．明石書店、東京、一五〇―一七四頁、二〇〇六．

（2）生地新：児童養護施設における入所児童の思春期と乳幼児体験――精神医学的コンサルテーションと心理療法スーパービジョンの経験から．思春期青年期精神医学、十九巻：十三―二三頁、二〇〇九．

（3）生地新：児童精神医学の実践における精神分析的理解の有用性について．精神分析研究、五四巻二号：一一二―一一七頁、二〇一〇．

（4）生地新：子どもの精神療法で大切なこと．児童青年精神医学とその近接領域、五四巻四号：三八九―三九五頁、二〇一三．

（5）生地新：児童虐待事例．精神科治療学、二九巻一〇号：一二四九―一二五四号、二〇一四．

（6）生地新：研修症例コメント　終わりの見えない戦いの中での希望について．精神分析研究、五八巻三号：三〇三―三〇五頁、二〇一四．

（7）生地新：研修症例コメント　入れ子細工の苦しみの中で生きる意味を見いだすこと．精神分析研究、五九巻一号：一一三―一一四頁、二〇一五．

（8）生地新：子どもの精神療法――精神分析の立場から．児童青年精神医学とその近接領域、五七巻三号：三八六―三九二頁、二〇一六．

（9）永田悠芽：ある被虐待児の心理療法で展開された「生きる意味への問い」．心理臨床学研究、二八巻二号：一九六―二〇六頁、二〇一〇．

（10）永田悠芽、佐藤真都佳、末廣晃二、生地新：児童養護施設におけるセラピストの交代について――喪失体験がアタッチメント形成に与える影響．心理臨床学研究、三〇巻：七四七―七五六頁、二〇一二．

（11）厚生労働省：社会的養護の現状について．http://www.mhlw.go.jp/file/06-Seisakujouhou-11900000-Koyoukintoujidoukateikyoku/0000172986.pdf, 2017.

（12）厚生労働省雇用均等・児童家庭局：児童養護施設入所児童等調査結果．二〇一五．

（13）楢原真也：子ども虐待と治療的養育――児童養護施設におけるライフストーリーワークの展開．金剛出版、東京、二〇一五．

（14）木村宏之：精神分析とエビデンス．精神分析研究、六一巻二号：二四九―二五二頁、二〇一七．

第二部　不適切な養育と精神病理

8 児童養護施設における入所児童の思春期と乳幼児体験

I はじめに

今日「児童養護施設」と呼ばれている施設は、第二次世界大戦まで救護法（昭和七年施行）に定められた用語である「孤児院」と呼ばれていた。文字通り、親を失った子どもたちが育つ場という意味合いが強かった。第二次世界大戦後は、戦争の犠牲者になった親たちの子どもたち、すなわち戦災孤児を収容するための施設の設立が相次いだ。昭和二十三年一月一日施行の児童福祉法によって、「孤児院」やこれらの施設の多くは養護施設と改称され、さらに平成一〇年四月一日施行の改正児童福祉法で児童養護施設と改称された。

改正された児童福祉法が施行された平成一〇年頃から児童相談所における虐待（ネグレクトを含む）の相談は急速に増加し、虐待を理由にした児童養護施設への措置も増加している。ただし、表1に示したように児童養護施設の措置理由の中で、虐待に関連していると思われるのは「親の放任・

怠だ」、「親の虐待・酷使」、「棄児・養育拒否」の措置全体に占める割合は二七・三%である。しかし、それ以外の理由での措置であっても、虐待やネグレクトを経験している入所児童は存在している。もともと児童養護施設は、親が亡くなるか、親が養育する能力を失った結果、行き場を失った子どもたちが措置されて生活する場所であった。かつての児童養護施設は大舎制と呼ばれる大集団の子どもたちを職員集団がケアをするというシステムの施設が多く、個別的なケアが難しかった。したがって、以前から入所児童のメンタルヘルスは、必ずしも良好とは言えなかっただろうと思われる。そして、近年になって、虐待を体験している入所児童が増加していると言われている。その一方で、一〇人程度のユニット制を採用する児童養護施設の増加し、小規模児童養護施設やグループ・ホームでのケアが促進されている。このような状況において、一人ひとりの児童が示す問題行動や情緒的な問題が改めて認識されるようになったと考えられる。そして、児童養護施設入所中の児童のメンタルヘルスについての関心が高まっていて、様々なケアが試みられている。

表1　児童養護施設への措置理由（平成14年度）

親の死亡・行方不明	13.9%
親の離婚・不和	7.4%
親の不和	0.9%
親の拘禁	4.8%
親の入院	7.0%
親の就労	11.6%
親の精神疾患等	8.1%
親の放任・怠だ	11.6%
親の虐待・酷使	11.1%
棄児・養育拒否	4.6%
経済的理由	8.1%
児童の問題による	3.7%
その他・詳細不明	7.9%

この表は厚生労働省雇用均等・児童家庭局「児童養護施設入所児童等調査」(平成15年2月1日現在)のデータから著者が再構成したものである。

児童養護施設は、全国児童養護施設協議会

に問い合わせた所、平成一七年には全国で五五七施設設置されており、そのうち三四三施設で心理療法担当職員を配置しているということであった。児童養護施設には平成一一年度から心理療法担当職員の配置への公的な補助事業が始っている。児童養護施設入所児童の年齢は、通常は二歳から一八歳の間に分布している。

著者は、平成一二年度から児童養護施設山形学園の嘱託医・心理療法スーパーバイザー仕事を始めた。その後、平成一六年度から児童養護施設思恩園の心理療法スーパーバイザーと山梨県中央児童相談所の嘱託医としての山梨県内の児童養護施設（現在六施設）での事例検討の仕事も始めており、児童養護施設心理療法担当職員に対する個人契約によるスーパービジョンや児童養護施設の心理療法担当職員中心の勉強会も立ち上げている。このようなコンサルテーションやスーパービジョン活動を通じて、児童養護施設に入所している子どもたちの乳幼児体験の過酷さを知るとともに、その子どもたちの心の病理や発達上の課題を理解するために、乳幼児期体験を理解することが不可欠であることを実感している。さらに彼らへの精神医学的及び臨床心理学的な支援の方法を考える時に、子どもたちの乳幼児期体験についての理解が多くのアイディアを提供してくれることも学んだ。なお、私の行っている児童養護施設でのコンサルテーションの実際については、別の著書(1)で述べている。

本論考では、児童養護施設に入所している子どもたちがどのような乳幼児期の体験をしていて、それがどのような発達上の問題に結びついているのか、そして、どのような心理支援のニーズを持っていて、どのような支援を行うことが望ましいのかについて述べたいと思う。

Ⅱ　施設入所中の子どもたちの乳幼児期体験と素因について

（1）乳幼児体験

施設入所中の子どもたちの相談を受ける時に驚くのは、実は子どもたちがどんな乳幼児期を過ごしたかについて具体的な情報がほとんどないことである。児童相談所の社会調査もほとんどは、どこで生まれたかや養育者の交代などの事実が述べられているだけで、生活状況、精神発達、外傷体験などについては、ごく簡単に述べられていることが多いのである。彼らがどんな乳幼児期を過ごしたかについては、限られた事実と本人の記憶を通して推測するしかないという限界があることをお断りしておきたい。

児童養護施設に措置されるまでに、子どもたちは様々なことを経験している。事実としてわかりやすいには、親や他の養育者との別離、主要な養育者の交代、頻回の転居、家族構成の変化などである。養育環境の問題として、親の情緒的応答性(2)（エムディ）やフォナギーら(3)の言うメンタライゼーション（自分や他人の心の働きを理解すること）の能力の低さ、発達段階・年齢にふさわしい関わりやしつけがなされていないことなどが挙げられる。さらに、世代間境界の欠如、日常生活における構造（生活リズム・役割分担・部屋の使用）の欠如、一貫性・規則性・連続性の体験の不足、不十分な栄養などもあげられるだろう。そして、身体的虐待、性的虐待（過剰な性的刺激と性的暴力）、心理的虐待（親の陰性感情をぶつける・肯定的な関わりの不足）といった明らかな虐待と言える経験をしている子どもたちも多い。こうしたことを数多く体験していると考えただけでも、彼らの乳幼児期は非常に過酷なものであったと想像できるだろう。しかし、大変だったということを知ると同時に、それでも彼らの親や周囲の大人が時々かけがえのない体験を提供してくれることもあったし、逆境にも関わらず、彼らが生きる希望を失わすに生きてきたということも忘れてはならない。

(2) 施設入所中の子どもの抱える素因上の問題

施設入所中の子どもたちの問題を養育環境や虐待の体験だけに結びつけることは、物事の一面しか見ていないことになる。子どもたちは、遺伝的にも胎内環境的にも不利な条件を持つことが多いからである。

彼らが持っている遺伝負因としては、精神疾患、発達障害の遺伝負因などがある。胎生期の問題としては、胎生期の栄養不良や物質への曝露（アルコール、タバコ、覚醒剤など）、栄養不良による発育不全・脳の発達の遅れがあるだろう。こうした不利な条件に加えて、新生児期や乳児期に発達段階に応じたケアや刺激が不足していたことによる知的発達の遅れが見られる子どもたちも少なくない。

こうした不利な条件が、乳幼児体験の過酷さと絡み合って、子どもたちの発達を阻害し、病理を形成するということになる。

Ⅲ　施設入所中の子どもの持つ情緒発達上の問題

前章で述べたような体験をしてきて、遺伝的にも胎内環境として不利な条件が多い中で、育ってきた子どもたちは、明らかに愛着や対象関係の問題を抱えている。施設に訪問すると、訪問者にべたべたと抱きついてくる子どもたちは多いし、その一方で職員に近づこうとしない子どもたちもいる。愛着障害としては、いわゆる反応性愛着障害と診断できる子どもたちも多い。不安定な愛着パターンを示す子どもたちも多いが、その背景にあるのは、甘え体験の不足がある。言い方を変えると、養育者に自分の気持ちを察してもらう体験や気持ちが通い合う体験が不足しているのである。

愛着の障害や甘えの体験の不足によって、その子ども自身のメンタライゼーションの能力の発達が阻害され、否定的な自己像や自己の一貫性の感覚の乏しさが生じる。対象関係について言えば、対象恒常性が未確立であり、部分対象関係が優勢で、強い対象希求と対象への不信が併存している子どもたちも多い。子どもたちは、受動的に環境に合わせてしまう傾向があり、偽りの自己 false self（ウィニコット[4]）を発達させてしまうことも少なくない。しかし、そうした子どもたちも全体的な自己や本当の自己 true self を見つけ出してくれる存在を常に求めているのである。

彼らは超自我が充分に形成されず（罪悪感の乏しさ・規範が内在化しない）、自我機能も弱い。彼らは、強い無力感を補完するための万能的で倒錯的な空想を持つことも多く、防衛としては、原始的防衛機制（分裂・投影性同一化・否認）が優勢で、抑圧や昇華が働きにくい。彼らは、一見、あきらめの良さを示すことも多いが、衝動制御の力を充分に発達させていない。自分が被害を受ける体験を繰り返す傾向、虐待的な関係を再演する反復強迫を示す子どもも多いが、攻撃者との同一化の機制を通じて、他児や職員をいじめたり支配したりする傾向を持つ子供も多い。

多くの子どもが、自分が生まれた理由への強い疑問や不信を持っていて、それが性への関心の早熟さや倒錯的な性行動として表現されていることもある。彼らは、恋愛や家庭を理想化する一方で、現実の性や家庭について否定的イメージを抱いていることが多い。彼らは、時に対象を癒そうとする努力を行い、特定の職員や子どもや心理療法担当職員の「世話役」（北山[5]）を引き受けることもある。

Ⅳ　施設入所中の思春期の子どもの精神病理と行動上の問題

前々節と前節で述べたような問題を抱えて成長した子どもたちは、乳幼児期から様々の症状や行動上の問題を示していると思われるが、ここでは彼らが思春期に到達した時にどんな行動を示すかについて述べたい。

施設入所中の子どもたちの中で、知能指数が一〇〇を超える者は少ない。境界線知能や軽度精神遅滞の子どもはかなり多い。書字や計算などの学習障害のある子どもたちもいる。多動で集中が困難な子、課題を遂行する忍耐力が低くすぐにあきらめてしまう子も少なくない。結果として、学習困難を示す子どもはかなり多いと言える。学習だけの問題ではないが、不登校に陥る子どもたちも少なくない。特に思春期に入って自分の力が見えてくるとなおさら勉強や登校をいやがる子どもが出てくる。

摂食障害を示す女子もいるが、過食や異食が多く、典型的な神経性無食欲症は少ない。遺糞・遺尿が思春期まで続く場合もある。虐待を受けている子どもは、解離性障害になりやすいと思われる。著者は、典型的な多重人格のケースをみたことはない。記憶の連続性が途切れて、何をしたか忘れてい

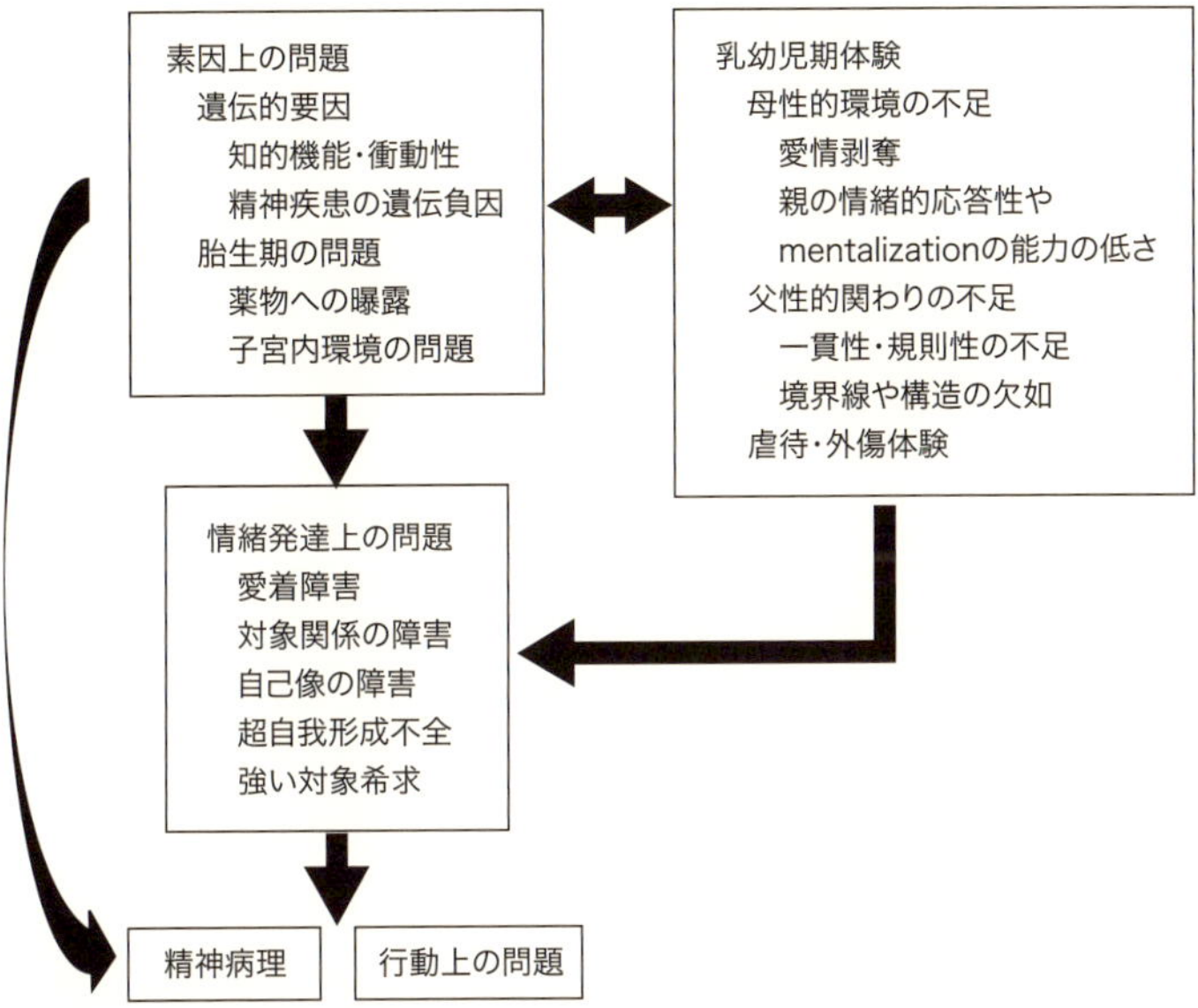

図1　児童養護施設入所中の子どもたちの乳幼児体験と精神保健上の問題の成り立ち

るという程度のことが多い。多くの子どもが、思春期以前から抑うつ気分・自殺念慮を示すが、思春期に入ると自殺期とや自傷行為につながっていく。自傷行為や関連する行為として、リストカットなど刃物による皮膚の自傷、抜毛、自分で起こした火傷などが見られる。十二歳前後から性的な逸脱行動は急に増える。幼児期や小学校中学年までの性的な行動は、ごっこ遊びの側面があり、すでに述べた自分の出生を確かめたいとか生まれ直したいという願望と結びついており、施設での生活が安定すると落ち着くことも多い。ところが、前思春期以降に生じる性的逸脱行動は（早熟な性交渉、不特定の異性との性交渉、売春など）思春期で高まる性衝動を基盤にしてはいるが、周囲の大人への失望感から、自分を受け止めて認めてくれる対象を求める気持ちや新しい「家族」を持ちたいという願望が高まることと関連しており、対処に困ることも多い。男子の場合には、暴力的な性行動やフェティシズムが問題になることも多い。

施設入所中の思春期の子どもたちの問題として最も相談が多いのは、暴力である。施設内や学校内の子どもや職員に対する暴力行為は珍しくない。生来の衝動制御の問題が背景にあることも多いが、自分の気持ちをうまく表現できないことや乳幼児期に暴力的な環境に育ったことが影響していると思われる場合も多い。反社会的行為としては、万引きや恐喝、強制わいせつなどが問題になりやすい。万引きは、愛情剝奪の状況の中での飢餓感や自分だけ不幸な生活をしているという不公平感、万能的な空想などと結びついていることも多い。

施設入所中の子どもたちの乳幼児体験と精神保健上の問題の成り立ちについては、図1に示した。乳幼児期体験としては、母性的環境の不足と父性的な関わりの不足、それに虐待や外傷体験という問題があり、遺伝負因や胎生期の環境の問題も絡み合って、情緒発達上の様々な問題が生じ、それが様々な内面の病理と行動上の問題につながっていくと考えられる。こうした図式だけでは、個々の子どもたちの問題を理解できる訳ではないが、それぞれの領域についてアセスメントを行い理解を深めることが、このような子どもたちの発達の支援や治療の方針を決める際に役立つと言える。

V　事例提示

（1）事例A（十三歳　女子）

①生育歴と入所後の経過

二四八〇グラムで第二子として出生し、保育器に三～四週間入ったという。その後同胞が何人か生まれている。出生時、父母は経済的に困窮しており、母は宗教活動に没頭していた。保育所・健診などの公的サービスの利用歴がなかった。幼児期に食べ物を十分に与えられていなかったらしい。母が外出中に放置されていることもあったと考えられる。五歳の時点でも体重一〇kgで、遺糞・遺尿・異食（生の食材、薬や乾燥剤などを食べるなど）があったが、排泄以外の身辺処理は自立していた。知的には軽度遅滞（知能指数六六）と判定された。ネグレクトを理由に五歳で児童養護施設に措置されている。三年後、他の同胞も経済的な困窮のために別の児童養護施設に措置され、Aも八歳で同じ施設に措置変更されている。

小学生の時期は、ものを壊す・性器を露出する・他の子のものを盗むなどの行動があった。学力も低く、特別支援教育を受けている。中学でも引き続き特別支援教育を受けていた。中学二年の後半から家族再統合への動きが始まり、中学三年で他の同胞とともに自宅に戻っている。

②心理療法の経過

八歳で施設内での心理療法が開始されている。最初は面接を「いやだ、しない」と拒否した。しかし、三日後に受け入れる。その時に、宝物のビーズをセラピストに渡している。

遊戯療法では、最初の頃はでたらめのパソコンのタイピングやひよこゲーム（仲間はずれの黒いひよこが登場）を反復していた。誕生日の近くで、恐竜の親子が出現して、誕生日を祝うことになる。

自分を見捨てる親・甘えさせてくれる親が表現された。能力のないもの・弱いものへの攻撃も繰り返された。しかし、プレイの中で「できなくてもしかたないよ」と能力の低さをあきらめるような言葉が聞かれた。

中学になると対話を中心とした心理療法に変わった。そこでは、「自分の居場所がない」、「本当は自分なんて生まれてこなければよかった」、「お母さんは本当に心配してくれるのか」といった思いが語られる一方、セラピストに「学校で頑張っている」と報告するようになった。

(2) 事例B（十三歳　女子）

①生育歴と入所後の経過

父母（母は再婚）の第五子として出生した。父親は出張が多い仕事だが母親は金銭管理ができず養育能力も低く、子どもたちを置いて外出することが多かった。Bが八歳の時に母親の多額の借金のために父母が離婚したが、子どもの養育は母に委ねられた。しかし、子どもたちの世話は十分にはできなかったため、Bが八歳六カ月の時に同胞とともに児童養護施設に措置された。Bの知能は正常下限（知能指数八八）であった。

入所時、学力の低下が著しかったが、学習指導により成績は向上した。自分のことを俺と呼び「男の子になりたい」と言うこともあった。小学校高学年では、他の子にあたる・万引きなどの問題行動がみられる。

十二歳の初経後、年長の男児や女児や男性職員へのまとわりつきや身体を触る行動がみられた。中学校では、遅刻・欠席が増えて、現在は不登校状態になっている。中学に入った頃に夜に化粧をして無断外出することがあった。担当職員とは交換ノートを行っている。

②心理療法の経過

十一歳の時に施設内で心理療法を開始した。最初のセラピストとは箱庭や描画を中心としたやりとりの中で、怒りや憎しみが表現されたが、しだいに面接を避けるようになる。

中学に入学時にセラピストが交代してから、再び面接室に来るようになる。中学の時は、描画と対話を用いた心理療法であったが、キャンセルと退室しぶりは多かった。最初は、「泣いている子ども」への苛立ちや会いに来ない母親への怒りが表現されていた。そのうち、「待っている子ども」の気持ちが表現されるようになる。自己像としての「くさってベタベタなうんち君」が時々登場する。その後、うんちの中にいるスカートをはいた女の子が出現した。安心できる味方が怖い敵になるというテーマも繰り返し表現された。

「キモイ」ものとしての男性器や女性の乳房、母親イメージと思われる「化粧ばかりしてお金で苦労するケバイ女性」が描かれた。言語化することの難しさがあった。セラピストと面接室の写真を撮った後にコラージュを始めた。ムンクの叫びのパロディを作ったりしたが、良いものと悪いものが混乱しており、否定的な自己像や女性イメージが表現された。それでも、最近は進路など将来について考えることができるようになっている。

（3）事例C（十六歳　男子）

①生育歴と入所後の経過

父母の第二子として出生した。母は外国籍の人で、父親の暴力のためにCが八歳の時に離婚して家を出た。それまでは、母との間に安定した愛着関係は成立していた。その後は、主として祖母に養育されたが、小学校高学年の時に祖父が自殺後に父も自殺した。Cは父の自殺の現場を目撃した。そのような事情で、Cは母に引き取られた。

中学の時に不登校と兄の暴力のために児童相談所に六カ月間の長期にわたり一時保護された、保護所では、情緒不安定で抑うつ気分があり他児への暴力も見られた。知能は正常下限で、保護中に心理療法を受けていた。若い女性セラピストに恋愛転移を起こしていた。

その後、児童養護施設に措置され、すぐに高校に入学した。施設内生活への適応は比較的良好だが、気分の変動が大きかった。友達関係や異性との交際で不安定になることが多いようであった。一年の時にアルバイトを許可されて今も続けている。他の子どものお金やものを盗むことがあった。

②心理療法の経過

施設内の心理療法は、措置されて二カ月後、高校入学時に開始された。導入時は、ゲームをすることが中心だったが、対話中心の支持的な面接になっていった。学校での疲れ、アルバイトや友達関係の話題、不安定な彼女についての悩みなどが語られた。次第に、盗みについてや、祖父・父の自殺や兄の暴力についても語れるようになった。将来の展望はまだ持てていない。現在もキャンセルが多い。

（4）事例D（十八歳　女子）

①生育歴と入所後の経過

両親の第一子として出生した。母は幼少時に両親と死別しており、祖父母に育てられた人である。母は夜勤のある仕事で多忙であり、第二子が生まれた後は、父がCをケアしていた。母は几帳面な性格で、Dには厳しかった。父の母への暴力があった。小学校高学年の時に両親が父の暴力が続いていたため離婚した。Dは父との同居を希望したが母が親権者になった。その後、家事や下の子の世話をしないことを理由にした母の虐待やネグレクトが始まった。小学校六年の時に、虐待とネグレクトのため児童養護施設に措置された。

入所後、生活への適応はよかった。知的発達は正常であるが、他の子どもに対しては威圧的な態度が多く、時に暴力もふるうことがあった。暴力は、本人としては叩いて教えるつもりだったらしい。同世代のリーダー役になることも多かった。中学生の時に数カ月心理療法を受けるが本人の希望で終了している。中学時代は、養護教諭に支えられていた。

②心理療法の経過

高校三年の三学期に心理療法面接を希望し、四回の面接を受ける。話をする恥ずかしさを表現し、自分が悪い評価を受けていると思うこと、もっと職員に対して素直になれば良かったと思うことを話した。将来への不安や巣立つ寂しさも語り終了している。Dは、高卒後二年立った現在も住み込みの仕事を続けている。

Ⅵ　児童養護施設における心理ケアについて

（1）児童養護施設における心理ケアの基本的な目標

児童養護施設における心理ケアの基本的な目標として、乳幼児期体験と関連したものとして、愛着パターンの修正や人の心の働きの理解（メンタライゼーション）の促進、乳幼児期からの「連続性」の感覚の再構築ということがある。しかし、歴年齢に応じた発達課題の達成への支援も必要であり、生活技能や仲間関係、学習、恋愛、進路等の領域での支援が必要である。さらに、それぞれの子どもの持つ精神病理に特異的なケアとして、精神疾患の治療や発達障害の療育が必要となることもある。

（2）施設入所中の子どもたち特有のニーズと心理特性

施設入所中の子どもたち特有のニーズとして、対象希求の強さ・愛着への特異的なニーズが挙げられる。彼らは、ケア担当職員との間で愛着を再形成する必要がある。彼らは、全体的な自己や隠れた本当の自分 true self を見つけ出してくれる存在も必要としている。

施設に入った子どもたちは、多くの子どもたちと生活を共にしていて、十分な個別ケアを受けられないことが多い。そこで、施設内の同世代の子どもとの間には同胞葛藤類似の葛藤が生じる。彼らは、使える内的資源や才能が乏しく、家族、親戚、学校以外の活動の場などの外的資源にも恵まれていない。彼らの内面には、事例で提示されたように否定的自己イメージが優勢であり、自尊心が低い。メンタライゼーションの能力が低い子どもも多い。これらのニーズや特性は乳幼児期体験と深い関連を持っている。

しかし、乳幼児期の体験と関連したニーズだけを満たそうとするだけでは適切な心理的な支援とは言えない。養育環境に恵まれた子どもたちと同様に思春期固有の発達上のニーズと心理特性も持っている。思春期には、養育者からの分離する必要性があり、衝動が急に高まる思春期前期には、性的な刺激を与える存在（異性の親、同世代の異性）と適度に距離を取る必要性もある。そして、親との分離に伴う不安や身体の変化、衝動の高まりという危機を乗り切るためには同性の仲間との親密な関係が重要であり、家庭と学校の使い分けも必要である。適度な自己愛傾向も思春期には必要である。思春期前期には、メンタライゼーションの能力の一過性の低下が生じる。欲動の高まりや身体の変化に伴う「さなぎ」の時期とも言える。その時期の彼らは、言葉数が少なくなり、「別に」、「普通」、「キモイ」、「ムカツク」といった単語しか大人にはしゃべらないこともある。

児童養護施設入所中の思春期の子どもたちにおける心理ケアにおいて、児童養護施設入所中の子ども特有のニーズや心理特性と思春期固有の発達上のニーズや心理特性との間にジレンマが生じやすい。それが彼らへの心理的な支援の難しさでもある。特に思春期に入ったから入所した子どもの場合、職員との愛着関係が成立しないまま、多様な行動上の問題を起こした時に、対応に苦慮する。自分の生まれた理由や生きている意味への問いかけと思春期の性欲動の高まりが絡み合って、性的行動化が増えることもある。

また母性的なケアが優勢な児童養護施設の弱点をついた集団での反社会的行動も起きやすく、施設全体のケアを危機状況に陥れることさえある。このために、思春期病棟への入院や情緒障害児短期治療施設、自立支援施設への措置替えが必要になることも多い。言い換えると地域の中でそうした治療施設との連携は不可欠である。しかし、それらの施設が地域によっては整備されていないか力量不足という現実もある。

（3）児童養護施設における思春期の生活ケアの工夫

児童養護施設における思春期の心理的な支援の難しさについて述べてきたが、生活ケアの上では、どのような工夫をすればよいのだろうか。ケアの体制全体の工夫として、ユニット制導入や施設の小規模化と共に担当職員の交代を少なくするといった方法で疑似家族的なケアを行うことが一つの解決策になり得る。幼児期から施設で同居している子どもの間には「近親姦」のタブーが成立するように思われる。ケア単位の小規模化によって、同世代の集団の暴走も防げる。ケア単位における性別や年齢構成・職員の性別や年齢にも配慮することも求められる。一つのケア単位に多様な年齢層を混在させる一方で、年長児では適度な男女の境界を作ることが求められる。

ケア・チームの中で理解を共有するために、生活ケア職員、心理療法担当者、ファミリー・ケース・ワーカー、施設長等で定期的に事例検討を行うことも大切である。そこでは、子ども固有のニーズ、思春期の発達上のニーズや精神病理に関する理解を共有し、ケアの方針や役割分担を確認するのである。新しい子どもについての事例検討では、乳幼児期体験や発達歴を確認すると、そこからその子のケアの方針に関するアイディアを得ることができる。

愛着の不足に関連した退行は一定の枠の中で受け入れるようにするとよいかもしれない。同性の職員が爪切りなどの身体ケアを行うとか一緒の部屋で寝る、時間を決めて話を聞くなどの対応が安全だろう。年少児では全面的退行が治療的意味を持つことはあるが、思春期の場合、少なくとも児童養護施設の中での全面的な退行は避けた方がいいだろう。

さらに、施設内の生活が構造化されていて発達を支援する機能も持つ必要もある。一貫した生活上のルールの確立や職員間の十分な情報交換、さらには行動療法的介入（SST、怒りのコントロール訓練）等により、しっかりした生活管理と施設運営をこころがけることが望まれる。学校と連携して、学習環境を整えることも重要である。

子どもとの家族の再統合の明確な指針をたてて、子どもや家族、児童相談所と共有することも忘れてはならない。理由も分からずに措置されて、いつどのような条件で家に帰れるのかも明確でない状況で落ち着いて生活しなさいということ自体無理な要求と考えるべきである。児童思春期を専門としている精神科医を嘱託医・コンサルタントにすることや、日常的に児童相談所や医療機関との連携も必要である。

（4）施設入所中の子どもたちの心理療法について

施設入所中の子どもたちの心理療法では、破壊的で暴力的な世界が容易に表出される。低い自己イメージや仲間はずれの黒いひよこ、うんち、小さい自画像などの矮小で価値のない自分が表現される一方で、万能的な空想上の自己イメージが、ロボットや戦士などとして表現されて、一方的に勝つゲームが繰り返されたりする。

本当の自己の象徴として、かくれんぼ・宝隠しと宝さがし・考えをあてるクイズなどが用いられる。救いへの強い希求があり、宗教的なイメージ、病院のイメージなどがよく出現する。

また、恋愛や結婚への強いあこがれや空想が語られる一方で、大人の性に関する汚いイメージも表現されて、「エロイおじさんやおばさん」のイメージや職員の乱れた性に関する空想が語られる。そうしているうちに、幼児期体験・外傷体験についての振り返りも行われるが、早急な追想の促しは、行動化や面接のキャンセルにつながる。

キャンセルや部屋にセラピストを誘うなど「構造破り」が非常に多いことも彼らの特徴である。そして、日常での問題行動と心理療法内での動きが連動しやすいということも指摘できる。容易に恋愛転移が生じるので、児童養護施設入所中の思春期の子供における心理療法のセラピストは同性が原則と考えられる。

思春期に入ると心理療法の方法は、通常は遊戯療法から言語を介した支持的心理療法へ移行するが、描画・ゲーム・音楽・マンガなど非言語的交流も用いることが望ましい。思春期の前期は言語化が難しい時期だからである。

施設内の心理療法において、思春期に入って抵抗が高まる場合には、回数を減らす、一時中断して仕切り直しをするなどの対応も考慮する。この場合、高校生年代で再開することも多い。

原則として転移解釈はあまり用いないが、キャンセルなどの抵抗の高まりについては、心理療法の不安や自分を知られる不安、セラピストが怒る不安やセラピストを傷つける不安に共感した解釈を行う必要はある。

乳幼児期からの情緒発達上の問題は十分に理解した上で、基本的には日常での心の動きや暦年齢相応の発達課題に関連した葛藤に焦点をあて、必要に応じて助言も行う。職員に対する助言・コンサルテーションは積極的に行うべきである。経験の浅い心理療法担当者にはスーパービジョンが不可欠であると言ってよい。

まとめ

児童養護施設に入所中の子どもたちは、遺伝的な素因と養育環境の機能不全との相互作用の中で育つために、多くが深刻な愛情剥奪を経験しており、愛着の障害を持つとともに、自己の一貫性・連続性が確立しておらず、超自我形成も不十分である。このような子どもたちの乳幼児期は過酷なものと考えられるし、愛着を再形成し自己像を修復するための特有の多様なニーズを持っている。思春期に入ると、思春期固有の発達のニーズも加わるために、彼らへの心理的な支援は困難に直面する。こうした困難に対応するために、心理療法担当者やファミリー・ケース・ワーカーも含めたケア・チームの中で、思春期の子どもたちの年齢にふさわしい支援と乳幼児期体験に基づく特有のニーズに対応する支援を可能にするケア方針を共有し、役割分担することが重要である。さらにケア・チームは、学校や児童相談所のほかに、児童思春期臨床に理解のある精神科医と連携する必要があると考えられる。

文　献

（1）生地新：児童養護施設におけるメンタルケアの現状．小野義郎編著：子どもの福祉とメンタルヘルス——児童福祉領域におけるこどもの精神保健への取り組み 第6章、一五〇—一七一頁、明石書店、二〇〇六．

（2）Emde, R. N.：Emotional availability: A recipro-cal reward system for infants and parents with implications for prevention of psychosocial disorders. In P. M. Taylor (Ed.), Parent-infant relationships. (pp.87–115). Orlando, Grune & Stratton, 1980.

（3）Fonagy, P., Gergely, G., Jurist, E., Target, M.：Affect regulation, mentalization, and the development of self. New York, Other Press, April, 2005.

（4）Winnicott, D. W.：Ego distortion in terms of true and false self. In his Maturational processes and the facilitating environment (pp. 140–152). London, Hogarth and the Institute of Psycho-Analysis, 1965.（Original work published 1962）

（5）北山修：見るなの禁止．北山修著作集　日本語臨床の深層1．岩崎学術出版社、一九九八．

9　成人期の精神病理と乳幼児期体験

I　はじめに

乳幼児期の養育体験や発達上の問題が成人期の精神疾患の発症やパーソナリティの問題に影響するだろうという仮説は、フロイト[6]以来、多くの精神科医や臨床心理学者に共有されている。一口で養育体験と言っても、児童虐待のような重大な心的外傷の他に、養育者との離別、養育者の養育態度、養育者との間のアタッチメント（愛着）関係、難民や移民の経験、同胞葛藤、同胞の心身の障害など、様々なものがある。また、「体験」というものは、その人の持っている素質と環境との相互作用の中で生まれるものであり、その人（子ども）の持っている遺伝的あるいは先天的素質も念頭に置く必要がある。ある出来事がどのように影響するかを決める要因として、遺伝的あるいは先天的素質という要因も無視はできないということである。また、成人期に発症するように見える疾患も、もしかすると乳幼児期からその前兆があるのかもしれないし、乳幼児期から観察される発達の障害が、成人期にも持続して存在していて、それが精神疾患や精神病理の基盤にあるという場合も考えられる。フロイト[6]は、大人の「ヒステリー」や「強迫神経症」や「パラノイア」などの精神疾患の発症要因として、幼児期の外傷体験や幼児期の心理的葛藤を想定した。例えば、青年期や成人期にヒステリー（今日の転換性障害や解離性障害群）を発症した患者の多くに、性的虐待や性行為の目撃などの性的な外傷体験を見出したと報告している。また、発達段階における欲求不満や過度の欲求の充足が、その人の成人期の性格傾向に影響すると考えていた。

その後、フロイトの影響で、乳幼児期の母子関係を中心に実証的な研究が行われるようになった。例えば、ハンガリー出身のスピッツ[8]は、ウィーンでフロイトの精神分析を受けた後、パリに移住して、子どもの直接観察による乳幼児期の精神発達の研究に着手し、一九三九年にアメリカ移住した後にその研究を発展させた。スピッツ[11]は、母性剝奪や施設での養育の子どもの心身への影響を研究した。英国のボウルビィ[1〜3]は、非行少年や孤児院の子どもたちについての調査研究を行った後、フロイトの娘であり精神分析家であるアンナ・フロイトや上述のスピッツ、それに動物行動学者のローレンツの影響を受けて、アタッチメント理論を提唱した。愛着理論は、その後、成人まで拡張された。そして、こうした研究を基盤として、乳幼児期の母性剝奪やアタッチメントの問題と、成人期の精神病理や精神疾患の発症との関連についての研究が展開された。

子ども時代の外傷的な体験と成人期の精神病理の関連についての研究は、一九八〇年にアメリカ精神医学会の診断基準であるＤＳＭ－Ⅲに心的外傷後ストレス障害（ＰＴＳＤ）という診断名が導入されたのと前後して、盛んに行われるようになった。例えば、パトナム[10]らのグループは、解離性同一症（いわゆる多重人格）の患者に幼児期の虐待体験が多いことを報告している。保険会社であるKaiser PermanenteとCenters for Disease Control and Preventionが行ったAdverse Childhood Experiences Study[4,5]（以下ACE研究と略す）においては、一九九五年〜一九九七年にかけて、南カリフォルニアの保険加入者約一万七千人に対して、子ども時代の経験と現在の健康状態や行動についての質問紙調査を行ったものである。この研究の対象者については、その後、定期的に有病率や死亡率が調べられている。その結果、虐待やネグレクトなどの体験が様々な心身の疾患の罹患や死亡率に影響を与えていることを示す膨大なデータが得られている。そして、近年、こうした児童期の虐待などの不幸な体験が、中枢神経系の機能や構造、あるいはストレス反応などにどのように影響するかについての生物学的な研究も盛んになっている。友田[12]は、この分野で精力的に研究を進めており、子ども時代ひどい体罰を受けた人が前頭前野の灰白質の体積が小さかったという報告や子ども時代に性的虐待を受けていた女性の視覚野の灰白質の体積が小さかったという報告を行っている。

外傷体験とは違う話だが、生殖医療の親展や新生児医療が進歩するとともに、多胎が増加し、超低出生体重児や極低出生体重児も多くが生き延びるようになることで、そうした子どもたちの発達状況や成人後の精神的健康の状況についての研究も進められている。例えば、ハックら[7]は、超低出生体重児や極低出生体重児だった成人において、親から見た不安や抑うつや不注意などの傾向が高かったことを報告している。低体重で生まれた子どもたちは、新生児集中治療室（ＮＩＣＵ）で長期間ケアを受けることも多く、母子間の愛着形成の点でも不利な影響を受ける可能性が高い。こうした低出生体重児は、生物学的にも心理的にも発達上のリスクを持っていて、その後の成人期の精神疾患の発症のリスクも高いかもしれない。

以上、ごくおおざっぱに乳幼児期の体験と成人の精神疾患の関連についての研究を概観したが、本稿の目的は、乳幼児期の問題が成人期の精神疾患の発症とどう関わるかについての実証的研究について広汎なレビューを行うことではない。本稿では、どのような体験がどのような精神病理と関係を持っていると考えられるのか、成人期の精神疾患の患者を診る際に、出産時や乳幼児期の体験や乳幼児期の養育環境上の問題について、どの程度把握しておく必要があるのかの二点について、著者自身の児童および成人の患者の臨床経験をもとにして、述べてみたいと思う。

Ⅱ　被虐待体験と成人の精神病理

最初に、身体的な虐待や性的な虐待など、自分の身近な大人や年長者から危害を加えられる体験の影響について考えたい。

虐待と言っても、短期的な出来事であったか、長期間繰り返されるものであったのかによって影響は大きく異なってくるだろう。虐待の内容や時期、虐待をした人との関係のあり方、虐待されたことへの周囲の対応や態度、全般的な家族機能のあり方などによって、虐待の影響は異なってくる。虐待を受けた人（子ども）の側の発達状況や性格も影響するだろう。虐待を受けたからこうなるという単純な因果関係を描くことは難しい。そもそも乳幼児期の体験と成人の精神病理の関係は、乳幼児期以降の体験の影響も無視できないために、もっと複雑である。それでも、精神科の臨床現場では、乳幼児期の虐待が、その人の心の発達や脳の機能に大きな影響を与えた結果、成人期の精神疾患が発症していると思われる人たちに出会うことはまれではない。

関係の薄い大人による、ごく短期間の虐待があった場合には、それは、通常の外傷体験と同じような影響に留まるだろう。そして、多くの場合は、自然にその影響は年齢とともに小さくなっていく。誰でも、大人に大きな声で怒鳴られて、殴られたり蹴られたりする体験や夜に家の外に出される体験など、ひどく怖い目に遭えば、当然、過覚醒やその出来事の再体験などのＰＴＳＤ症状を経験するかもしれない。しかし、その体験が怖かったことを理解してくれる大人がいて、受け止めてくれたり、度を失って暴力的に振る舞った大人が反省して謝ってくれたりする体験があれば、その影響は多くの場合は薄れていくし、それが人間についてのイメージを大きくは損なわないのである。人の心には、レジリエンスがあって、多少の出来事なら、人は、大変な出来事も一つの出来事として受け入れて、人生のストーリーの中に位置づけることができるのである。ただし、一回だけの出来事として記憶されている虐待的な出来事が、その人のその大人（多くは親）との虐待的な関係を象徴するあるいは集約する出来事としてよく記憶されている場合もあるので、注意は必要である。

しかし、関係の深い人からの短期間の虐待の場合には、外傷体験そのものの影響も無視はできないが、その人のイメージを壊す出来事として、その後の精神発達にマイナスに作用するかもしれない。例えば、父親からの児童期の性的虐待の体験は、一回の出来事であっても、父親のよい意味での権威や父親への信頼感を損ない、それが青年期以降の自分の自然な性的欲求や恋愛感情を自分の中でうまく位置づけて行けず、女性としての同一性の確立や異性との交際にも大きな影響を与えることがある。

狭い意味での虐待だけではなく、信頼していた親の浮気の現場を目撃してしまうという場合にも、その親や両親の関係性についてのイメージを大きく損なう場合があるだろう。身近な愛着や依存の対象である大人からの虐待は、親のイメージや一般的な人間についてのイメージがくずれて、その後の対人関係のあり方にも悪影響を与えかねないのである。こうした体験の負の影響は、青年期以降に、友だちや異性と交流する際や、自分の家庭を持って、配偶者と一緒に生活したり、子どもを育てたりする体験の中で、ストレスが高まったときに、精神疾患を発症しやすくする要因として、作用するかもしれない。また、青年期以降になって、幼児期に体験した虐待の意味が理解できることで、傷つきが深まり、親への不信感や失望感も強まって、それらの感情がその人の内面で受け止めきれなくなることで、解離性障害群や転換性障害などの発症につながる場合がある。例えば、性的虐待がわけのわからない体験ではなく、父親からの性的な身体接触であったことが理解できるようになるとか、自分が悪かったので体罰を受けたと信じていたのが、親の子どもへの八つ当たりであることを知るといった時に、精神疾患が発症する場合もある。身近な大人からの性的虐待の場合は、性同一性の問題や性機能不全につながる可能性もあるだろう。

さらに虐待が長期間続く時には、その影響は当然深刻になるだろう。[9] 長期間にわたる虐待は、その人の情緒的な発達だけでなく、知的発達や脳機能にも大きな影響を与えることが予想できる。身体的虐待を受けたものの多くは、心理的虐待やネグレクトも同時に受けていることが多く、性的虐待の被害を受けることも少なくない。そうした被虐待体験が長期にわたるということは、多面的で深刻な情緒発達上の影響だけでなく、知的な発達や視床下部―下垂体―副腎皮質系や大脳辺縁系を始め、神経系や内分泌系へも大きな影響を与える可能性がある。その一方、持続的な虐待は、その人が自尊心を獲得し、倫理感を獲得することを妨げたり、人格の中に自己破壊的な混乱した領域が形成されたりすることにつながる場合もある。ストレス・コーピングや心理的防衛のあり方にも影響を与えて、不適切なコーピング（自傷行為や空想への逃避など）行動や原始的な防衛パターン（投影や否認、自己や対象イメージの分裂）を用いる傾向を強めてしまうことも考えられる。このために、慢性的な虐待の経験者は、成人期に、うつ病、薬物乱用、反社会的行動などの精神疾患や行動上の問題を持ちやすくなる。解離性障害群やパーソナリティ障害と長期の虐待との関連も指摘されている。

Ⅲ　ネグレクト・愛着の障害と成人の精神病理

身体的虐待や性的虐待に代表されるように、身近な大人から直接的に危害を加えられる体験と違って、ネグレクトは、必要なことをしてもらえない、あるいは必要な環境が提供されないという体験である。清潔な環境、規則的な睡眠や食事、遊びの場、健康管理、教育など、本来、養育している大人が提供すべきものを与えられないということで、その人の精神発達に悪影響を与えることが考えられる。愛着のパターンは、母親などの養育者が一日の中で長い時間、子どもに寄り添い、欲求や不快感を読み取りながら、不安を和らげることで、安定したものになる。養育者との離別の体験や、養育者が次々変わる体験、あるいは、養育者自身の様々な精神病理が、愛着のパターンを不安定なものにすることがある。幼児期に形成された愛着のパターンは、成人期でも対人関係パターンへの大きな影響を与える。ネグレクトという体験と愛着の障害は、密接に関連している。

大人が自分にとって必要なケアをしてくれないことや自分に関心を向けないということは、子どもが基本的な信頼感や自尊心を持つことを妨げ、大人を参照しながら、自分の気持ちの流れを理解する機会を奪われているということである。ネグレクトや愛着形成の問題は、虐待と同じか、場合によっては、それ以上に、子どもの心身の発達を阻害する。その結果、身体の成長や神経系の発達、知的発達、そして、パーソナリティの成熟が抑えられてしまうかもしれない。早期に愛着対象を失った子どもやネグレクトの状態にあった子どもは、低身長で知能指数も低くなることがある。そして、「自分なんか生きている意味はない」「自分なんか、要らない存在だ」という気持ちを抱えながら、大人になっていくかもしれない。誰にも頼らずに生きていこうとする子どももいるだろう。対人関係において、引きこもりがちであったり、不安定であったりする大人になり、境界性パーソナリティ障害や気分変調症などと診断されるようになることがある。

Ⅳ　親世代の精神疾患と成人の精神病理

親が精神疾患に罹患しているということで、何が起こるだろうか？　親が精神疾患に罹患しているということは、遺伝的にもリスクになるだろう。自閉スペクトラム症の親の子どもは自閉スペクトラム症になるリスクは高いし、統合失調症の親の子どもも統合失調症になるリスクは高い。しかし、問題は、遺伝的な影響だけではない。親が現実検討能力を失っていたり、気分が不安定であったり、あるいは、人の心を読み取る力が弱かったりすることは、すでに述べたネグレクトや虐待のリスクも高まるということである。さらに、そのような親を持った子どもは、しばしばその親の世話をする役割や、親に変わって家族を世話する役割を担ってしまうこともある。自分自身が甘えたかったり、頼りたかったりする気持ちを抱えながら、そのような子どもは家族を支え続けるかもしれない。アルコール関連障害などの親を持つ子どもが、心の傷を抱えながらも、他者のケアをする形で依存心も満たそうとすることがあり、そうした依存のあり方を共依存と呼ぶことがある。親が精神疾患であることの影響は、その病状や他の家族の健康度、家族構成などによって、異なってくるが、情緒の発達やパーソナリティの成熟に様々の影響を与える可能性がある。親が精神疾患に罹患していたことがわかった場合、それが、現在のその人の心理状態にどのような影響を与えているかを探る必要がある。

V　成人の精神科診療における乳幼児期の扱い方

以上、乳幼児期の問題が、神経系などへ生物学的な影響を与える一方で、パーソナリティや対人関係パターン、防衛やストレス・コーピングなど精神発達面にも影響を与えて、様々な精神病理につながっていく可能性があることを、先行研究や著者自身の臨床経験に基づいて手短に述べてきた。思春期あるいは青年期までの精神科診療の場合には、乳幼児期の発達について、十分な情報を得る必要があることは、論を待たない。しかし、成人期の精神科診療では、どの程度、乳幼児期の問題についての情報を聴取すべきだろうか？　そして、乳幼児期の問題を想定した場合に、治療のあり方が変わるだろうか？

成人の場合、乳幼児期から現在までの生育歴や発達歴を綿密に聴取することは、簡単ではない。特に乳幼児期のことは、本人自身がさかのぼれるのは、せいぜい二〜三歳までのことが多いし、その記憶もおぼろげである。そもそも乳幼児期の体験をエピソード記憶として聞くことは難しく、手続き記憶の領域こそ、問題の中心とも言える。それでも、乳幼児期に大きな問題を経験しているかどうかを推測することは後で述べるように臨床的な意味がある。そこで、乳幼児期の養育環境の問題やトラウマ、愛着の問題などがあったかどうかを推測するために、成人の精神科診療においても、三つのことを心がけるとよいだろう。

一つめは、家系図（ジェノグラム）に関する情報を可能な限り詳しく聴取することである。二つめは、現在の家族（親、同胞、配偶者、子ども）との関係を聞くことである。三つめは、その人の語りの特徴や精神科医やスタッフとの関わり方に注意を払うことである。ジェノグラムについて、聞く場合には、父方および母方の祖父母、父母、父母の同胞、配偶者について、年齢、職業、出身地、性格傾向や精神疾患の罹患、そして、家族間の関係性について聞く。聞いていくうちに、家族の抱えている問題が徐々に見えてきて、さらに知りたいことが浮かび上がってくる。そうしているうちに、家族文化や世代間伝達について遺伝的な傾向について、何らかの情報が得られるものである。現在の家族との関係のあり方は、乳幼児期の体験が影響しやすい領域であり、現在のストレス源であることも多い。現在の家族関係については、ジェノグラムを聞きながら、並行して把握できるし、家族が診察の場に来ている場合には、直接、その関係性を観察することができる。乳幼児期の体験が、その人の愛着パターンやパーソナリティのあり方に深く影響しているということは、医療関係者との関わり方にも特徴が表れるということである。人と交流することを避ける傾向があるか、様々のトラウマを抱えていて、人への信頼感を失っていないかが、その語りの内容から推測できることがある。そして、自分自身の生い立ちや自分自身の気持ちの動きについて、どの程度、まとまりをもった一貫した説明ができるかという語りの形式的な要素も大切である。自分について語るときに、まとまりのない話し方になる時には、知的な問題や発達障害も考慮する必要があるが、その人の乳幼児期体験の問題を反映している可能性もある。発達障害を疑う場合には、子ども自体の友だち関係や可能ならば通知表を持ってきてもらうか、親が健在であれば、その親からの乳幼児期の情報が重要な診断根拠になる。

乳幼児期の体験に大きな問題を抱えている人は、表面に表れている症状だけで診断すると治療期間や治療反応性についての予測を間違うことになる。乳幼児期に問題があるならば、同じうつ状態であっても、薬物療法だけでなく、環境調整やキーパーソンとの連携などのケースワークや精神療法的な支援が必要なことが多い。ただし、不用意にその人の心の深い部分にある外傷の記憶や葛藤をあらわにするような介入をすることには、リスクがある。よく精神療法の適応や「副作用」を考慮すべきである。昔の人も「三つ子の魂、百まで」と言ったように、乳幼児期の問題が、成人の精神病理や精神疾患の罹患と関係があることが生物学的にも心理学的にも証明されつつある。しかし、その乳幼児期の問題を持った成人の精神科患者を診療する際には、様々の精神療法の方法や家族療法、それにケースワークなどの心理社会的介入について、十分な知識と訓練が必要になる。もちろん、一人で抱えるよりはチームで抱えることを考える方が良い。乳幼児期に由来する心の問題は、手続き記憶の領域に反映されるので、辛抱強い支援がないと緩和されにくいし、長期に抱える必要がある。もちろん、こうした病態に、薬物療法も無効なわけではないが、多面的な視点と介入、そして多職種の連携が必要な領域であると認識すべきである。ただし、成人の精神疾患を、何でも乳幼児期に結びつけることは不毛であろう。最近のストレスや環境上の問題、あるいは遺伝的な要因が主に関わっている病態なら、従来の成人の精神医療のアプローチが大切で、生物学的な治療と環境調整、支持的精神療法などを優先すべきである。

文献

（1）Bowlby, J.: Attachment. Attachment and Loss（vol. 1）. Basic Books, New York, 1969.（黒田実郎、大羽葵、岡田洋子ほか訳：I愛着行動（母子関係の理論（1）新版）．岩崎学術出版社、東京、一九九一．）

（2）Bowlby, J.: Separation: Anxiety & Anger. Attachment and Loss（vol. 2）;（International psychoanalytical library no.95）. Hogarth Press, London, 1973.（黒田実郎、岡田洋子、吉田恒子訳：II分離不安（母子関係の理論（2））．岩崎学術出版社、東京、一九九五．）

（3）Bowlby, J.: Loss: Sadness & Depression. Attachment and Loss（vol. 3）;（International psychoanalytical library no.109）. Hogarth Press, London, 1980.（黒田実郎、吉田恒子、横浜恵三子訳：III対象喪失（母子関係の理論（3））．岩崎学術出版社、東京、一九九一．）

（4）Chapmana, D. P., Whitfieldb, C. L., Felittic, V. L. et al.: Adverse childhood experiences and the risk of depressive disorders in adulthood. J. Affect Disord., 82; 217-225, 2004.

（5）Felitti, V. L., Anda, R. F., Nordenberg, D. et al.: Relationship of childhood abuse and household dysfunction to many of the leading causes of death in adults: The Adverse Childhood Experiences（ACE）Study. Am. J. Prev. Med., 14; 245-258, 1998.

（6）Freud, S.: Vorlesungen zur Einfuhrung in die Psychoanalyse. Internat Psychoanl. Verlag, Wien, 1917.（懸田克躬、

井村恒郎、高橋義孝共訳：精神分析入門フロイト著作集第1巻．人文書院、京都、一九七一．
(7) Hack, M., Youngstrom, E. A., Cartar, L. et al.: Behavioral outcomes and evidence of psychopathology among very low birth weight infants at age 20 years. Pediatrics, 114; 932-940, 2004.
(8) 丹羽淑子：母と乳幼児のダイアローグ——ルネ・スピッツと乳幼児心理臨床の展開．山王出版、東京、一九九三．
(9) 生地新：児童養護施設における入院児童の思春期と乳幼児体験——精神医学的コンサルテーションと心理療法スーパービジョンの経験から．思春期青年期精神医学、十九；十三—二三頁、二〇〇九．
(10) Putnam, F. W., Guroff, J. L., Silberman, E. K. et al.: The clinical phenomenology of multiple personality disorder: Review of 100 recent cases. J. Clin. Psychiatry, 47; 285-293, 1986.
(11) Spitz. R.: The First Year of Life: a psychoanalytic study of normal and deviant development of object relations. International Universities Press, New York, 1965.
(12) Tomoda, A., Navalta, C. P., Polcari, A. et al.: Childhood sexual abuse is associated with reduced gray matter volume in visual cortex of young women. Biol. Psychiatry, 66; 642-648, 2009.

10　児童養護施設におけるメンタルケアの現状

I　はじめに

一九九九（平成一一）年度に児童養護施設に心理療法担当職員を配置する国の事業が開始され、二〇〇五（平成一七）年度で七年目となった。さらに、現在、児童養護施設の心理療法担当職員は常勤化の方向に向かいつつある。

ともあれ、一九九九（平成一一）年以降、多くの児童養護施設に心理療法担当職員が配置された。全国養護施設協議会に問い合わせたところ、同協議会が二〇〇五（平成一七）年度に実施した『全国養護施設協議会基礎調査』（未公刊）によれば、心理療法担当職員が配置されている施設が五五七施設中三四三施設に達しているという。この三四三施設に配置されている心理療法担当職員の勤務形態は、常勤・非常勤の両方の形態がある。人数別では、心理療法担当職員を一名配置しているのが一七九施設、二名配置しているのが九〇施設、三名配置しているのが三九施設、四名配置しているのが三五施設となっている。急速に、心理療法担当職員が配置されたことがわかるデータである。しかし、児童養護施設という生活の場で行うメンタルケアや心理療法に関しては、臨床心理学の領域でも児童精神医学の領域でも経験の蓄積が少なく、確立した方法があるわけではない。しかも配置される心理療法担当職員のそれまでの職歴や資格は多様であり、指導員や保育士が一定の研修を受けて心理療法担当職員となる場合もあるし、心理学専攻の大学院生や学部で心理学や社会福祉学を学んだが心理療法の経験は乏しい人であることも少なくない。せっかく心理療法担当職員が配置されても十分に活用しきれていない施設もあるという話を聞くことがある。生活ケアを行ってきた指導員や保育士などの従来から勤務している職員側から言えば、「どのように心理療法担当職員を活用したらよいかわからない」「本当に心理療法に効果があるのだろうか」「今まで、自分たちが子どもたちに関わり、耳を傾け、そして指導してきたことは、どうなるのだろうか」などの疑問が浮かぶだろうし、戸惑いもあるだろう。心理療法担当職員のほうからすると、施設という現場の状況をよく知らないまま、難しいケースへの対応について意見を求められて困惑することもあれば、心理職らしい仕事を与えられずに途方に暮れることもあっただろう。この状況は、スクール・カウンセラーが学校に配置され始めた状況にも似ているかもしれない。

しかし、そこで出会う子どもたちの多くが、親を失っていたり、虐待を受けていたり、あるいは不適切な養育環境の中で傷ついてきた子どもたちなのである。不用意な介入は、かえって子どもたちを混乱させるかもしれないし、傷つけるかもしれない。退行状態や行動化が増えて、職員への負担が増えてしまうかもしれない。また、児童養護施設でのメンタルケア、特に心理療法は、従来の生活ケアと調和した形で実践される必要がある。

児童養護施設におけるメンタルケアに関しては、高橋利一編著の『児童養護施設のセラピスト——導入とその課題』（筒井書房、二〇〇二）や村瀬嘉代子監修の『児童養護施設における心理援助』（新曜社、二〇〇二）など、いくつかの本が出版されているので、参照していただきたい。ただし、本章執筆時点では日本の実情にあった施設におけるメンタルケアに関する包括的な専門書はまだ出版されていない状況と思われる。この章では、このような問題を抱える児童養護施設におけるメンタルケアの実践について力動精神医学を専門とする児童精神科医の立場から報告し、若干の考察を加えたいと考えている。

Ⅱ　筆者が児童養護施設に関わるようになった経緯について

筆者は、一九九〇年代に、数年間、山形県中央児童相談所で嘱託医として勤務していたことがある。最初は、隔週の午後に、主として療育手帳の判定業務や一時保護中の児童の診察などの仕事をしていた。その中で、少しずつ、県内の児童養護施設の子どもたちの診断と相談の仕事をするようになり、判定業務を他の嘱託医に主に担当してもらい、虐待事例を中心として、診断や相談の業務を増やしていった。解離状態になる子どもや、暴力的になる子ども、フェティシズムと夜尿のある子ども、などの相談を受けたが、あまり参考になるような助言ができなかったように思う。二つの施設の見学にも行ったが、施設の状況は十分に理解しないままであった。でも、児童精神医学を学ぶものとして、児童養護施設という場のことは、ずっと気になっていた。そこで、若い精神科医と一緒に児童養護施設の巡回相談をする計画を立てて、児童相談所の所長に相談したが、その所長は、その計画に難色を示した。筆者とその若い精神科医は、その計画をいったんあきらめた。

それから、しばらくした一九九八年一〇月に山形県児童虐待防止ネットワークという民間の勉強会が立ち上がった。長く国立療養所山形病院で重度心身障害児のケアをしながら、小児精神科の仕事もしていた須藤睦子医師に会長になっていただき、県内の医師・心理職・施設の職員・保健師・看護師・保育士・養護教諭・事務系の公務員などが集まって、結成された組織なのだが、そこで山形学園の園長にも出会った。市立だった山形学園は、一九九三年に社会福祉事業団に移管され、筆者よりも若い武田満氏が園長に就任していた。市立だった頃と比べて徐々に施設の雰囲気が自由な方向に変わっているように思えたが、ベテランの市の職員が去ったあと、若手中心の職員が施設には多く、苦労もしている様子だった。そして、平成に入ってからの児童虐待への関心の高まりなどの影響で、虐待やネグレクトを理由に施設に措置されてくる子どもたちが急速に増えてきていた。もちろん、それ以前に養護性が高いという理由で措置されてきた子どもたちの中にも虐待やネグレクトを受けていた子どもたちがいたことも確かである。しかし、精神的に不安定な子どもや気持ちを理解しにくい子どもが増えているという実感が施設にはあり、若手職員が多いという状況もあいまって、生活ケアの中で対応に苦慮することが増えてきているという話を聞いていた。そんな中で、一九九九年度から児童養護施設への心理療法担当職員を配置する国の事業が始まったのである。私は、山形学園の心理療法のスーパービジョンと職員へのコンサルテーションの仕事を依頼された。

その後、徐々に筆者が関わる施設の数は増えて、現在では、山形県内の二つの児童養護施設及び山梨県内の五つの児童養護施設において、メンタルケアに関するコンサルテーション活動を実施しているし、施設の依頼で心理療法担当職員やファミリーケースワーカーのスーパービジョンも実践している。それとは別に、個人的に心理療法担当職員二名から心理療法の個人スーパービジョンを依頼されて実施している。

Ⅲ　山形学園でのメンタルケア事業へのコンサルテーションの経験

最初に筆者がコンサルテーション活動を始めた山形学園では、前述した理由で大学院生を心理療法担当職員として雇用するにあたって、生活ケアの体験から入ってもらうのか、最初から心理療法などの専門的なケアを実施するのかについて、筆者には迷いがあった。しかし、武田園長は、最初から心理療法の場として図書室を一定時間確保して、心理療法担当職員は原則として生活ケアに関わらずに個別の心理療法を施行する方法を提案した。筆者は、心理療法担当職員への月一回三時間の個人スーパービジョン、施設全体のケース・カンファレンスでの助言、園長との話し合い、医療機関への橋渡しなどの活動を行った。

心理療法担当職員の心理療法の個人スーパービジョンでは、二～三ケースの経過を聞いて、精神分析的な理論と児童精神医学的な発達と病理の理解の両面から説明や助言を行った。施設全体のケース・カンファレンスには、指導員と保育士、施設長、嘱託医、心理療法担当職員が参加することになった。以前から施設内で行われていた通常の月一回の複数ケースについての事例検討会とは別の日時に施行し、原則として心理療法を施行している虐待やネグレクトの経験を持つケースを一ケースだけ、二時間近くかけて討論を行った。司会は職員が順番で担当し、ケースの経過報告の中心は、担当職員（保育士か指導員）が行った。次に、心理療法担当者が、心理療法の中で把握した子どもの内面の心理についての理解を伝えた。そのうえで、ケースについて、ふだんから感じていることや困っていることを、自由に話し合い、そのうえで解決方法を考えるという手順で、カンファレンスを進めた。討論の中では、問題点だけでなく、その子どもの優れた点や成長した点の発言が次第に増えていった。話し合いの途中で、嘱託医が討論に参加することもあったが、なるべく余計なことを言わないように努めた。最後のまとめの時間に、筆者がなるべく専門用語を使わずに、児童精神医学的理解や精神分析的な理解を伝え、職員の労をねぎらい、職員の対応や処遇方針の優れた点を評価するように配慮した。生活ケアに関する助言としては、行動療法的な介入の方法の提案を行うことが多く、医療機関への受診や学校と話し合う必要性の指摘も行った。筆者は、これらの活動を通じて、虐待やネグレクトを受けて施設に措置された子どもたちの心理について、そして、その子どもたちへの心理療法のプロセスやメンタルケアのあり方についての多くのことを学んだ。以下の節では、山形学園を始めとして、各地での施設へのコンサルテーションと心理療法のスーパービジョンの経験の蓄積の中で学んだことに基づいて、児童養護施設における診断評価やメンタルケアのあり方について、述べていきたいと思う。

Ⅳ　児童養護施設に措置されている児童の診断評価について

周知のように、児童養護施設に入所している児童は、多くの場合、児童相談所で保護され、一時保護所を経由して措置される。他のルートとして、乳児期に児童相談所によって乳児院に措置されて、そこから児童養護施設に措置されることもあるし、児童養護施設に一時保護委託されて、そのまま措置になることもある。一時保護所を経由して措置される場合は、社会調査や心理評価、精神医学的診断など、一定の診断評価を受けていることが多い。しかし、他のルートの場合、措置以前の児童相談所による調査や診断評価が不十分であることは少なくない。また、近年、児童虐待やネグレクトの事例が増えて、迅速な対応を求められるようになって、社会調査も含めて、十分な評価がなされないまま、児童養護施設に入ってくる子どもたちも増えているように筆者には感じられる。社会調査に関して言えば、措置に至る経緯についての情報はあるのだが、それ以前の生活状況、生育歴の聴取が不十分なことが多くなっているし、さらには父母の生育歴は情報が欠けていることも多い。その子どもが、どのような歴史を背負った家族の中で、どのような状況の中で生まれ、どのように育ってきたのか。その子どもが、どんなつらい体験をし、どんな思いで生きてきたのか。どんなことがその子どもを支えてきたのか。何を学び、何を学ばなかったのか。その子どもがどんな願いを持っているのか。こういうことがわかるような社会調査が少なくなっていると筆者は感じている。児童虐待や非行への対応に奔走し疲弊している児童福祉司たちのことを知っているので、それを彼らの責任にするつもりはな

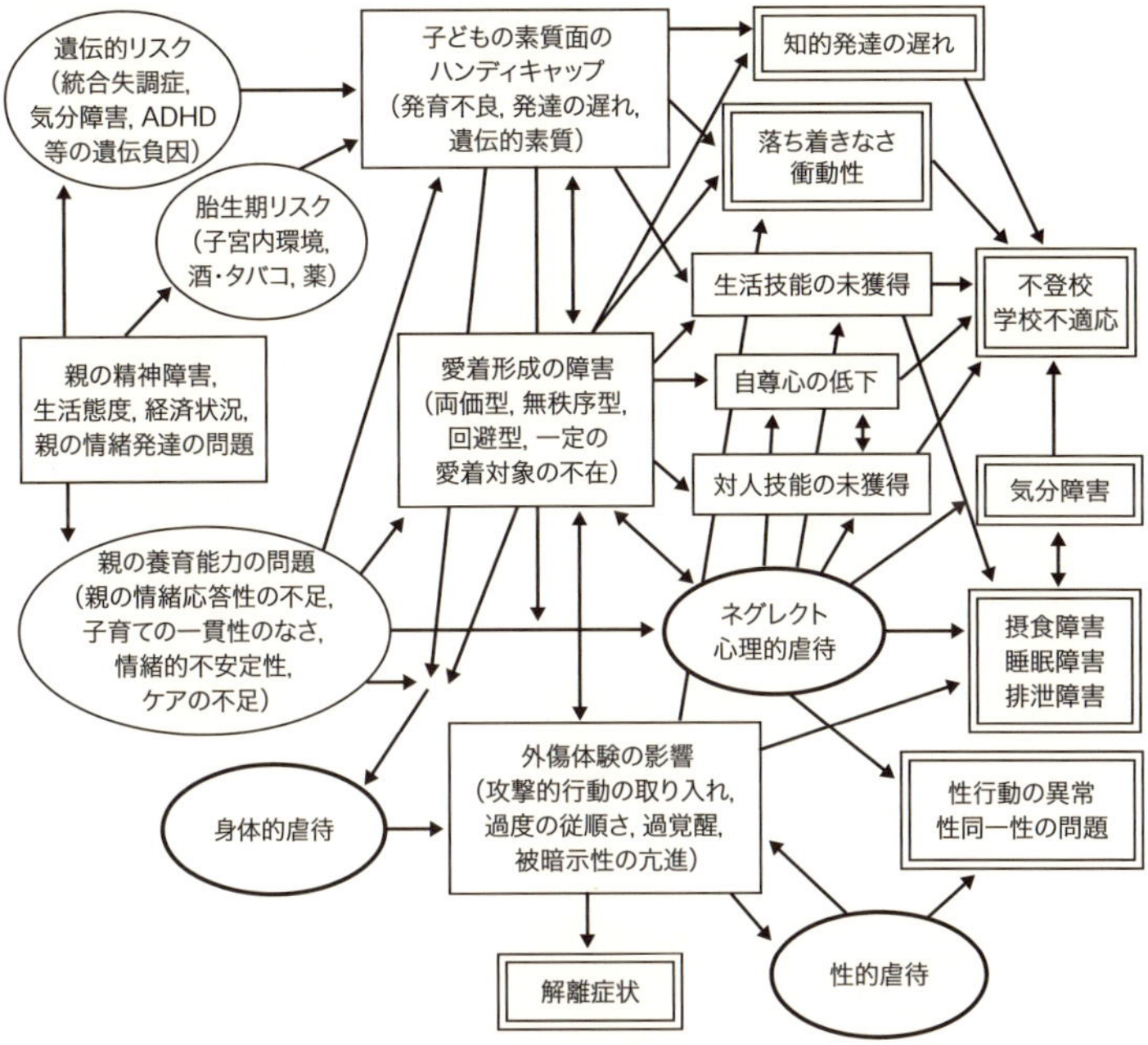

図１　虐待の発生要因と影響は複雑に絡み合っている

い。わが国の児童福祉行政における専門職のトレーニング・システムの貧困さと専門性の軽視がこのような事態の一因であろうと筆者は考えている。筆者を含め、児童福祉に関わっている「児童精神科医」と名乗っている人たちの責任も重い。

さて、具体的に、虐待を受けた子どもたちについて、どんな診断評価が必要だろうか。虐待やネグレクトを受けてきた子どもたちが、様々な精神症状や精神病理、不適応行動、学校教育上の困難、生活技能の学習不足などを示すことが多いことはよく知られている。その背景にある要因は、多様である。図１に示したように、子ども自身

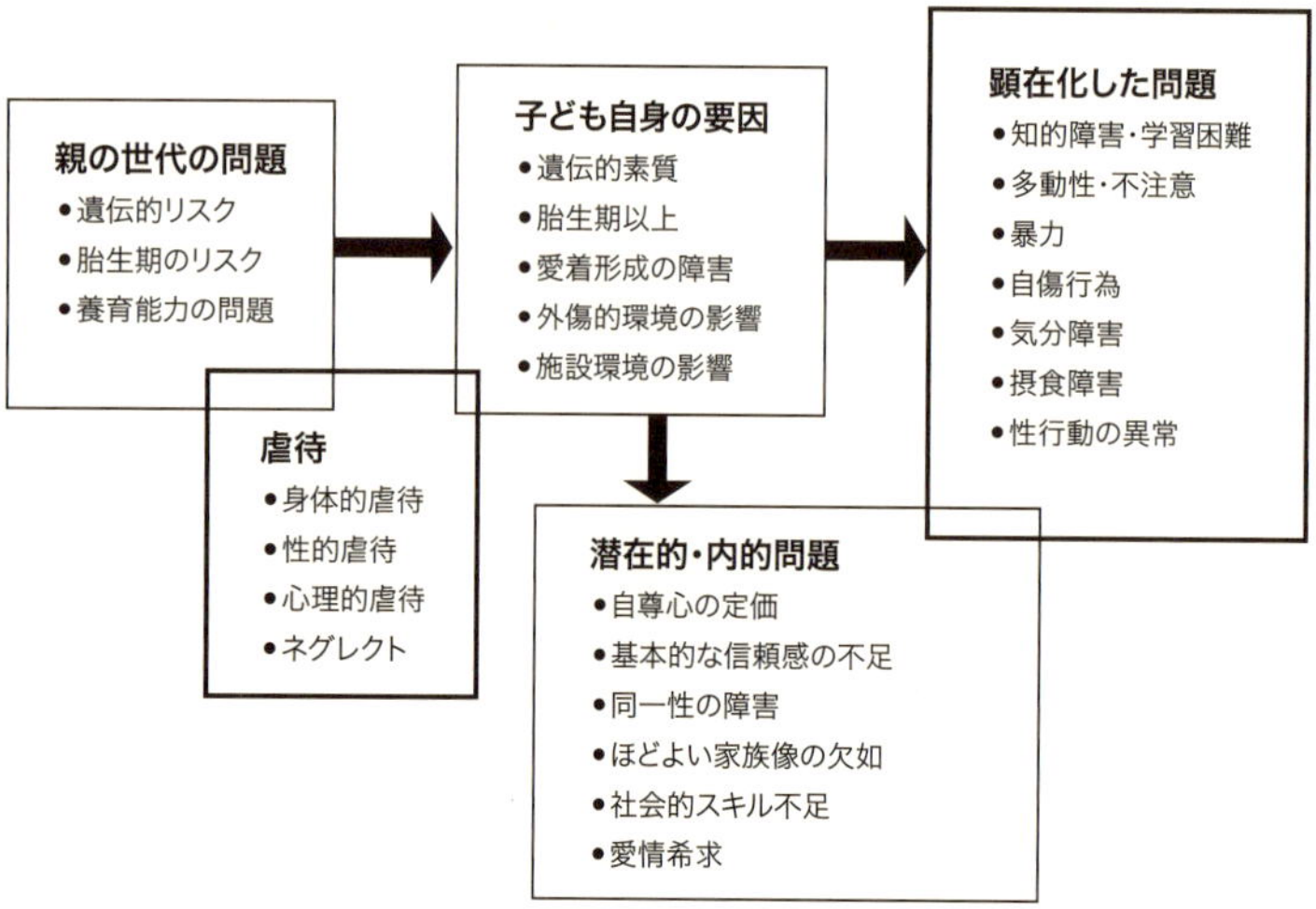

図２　児童養護施設の子どもたちの心の問題と背景要因

の遺伝的なリスクや胎生期のリスク、親の養育能力の問題などが背景にあり、そこにネグレクトや心理的虐待の影響、身体的虐待や性的虐待の影響が互いに絡み合いながら、子どもの問題が発生していると考えられる。図1を無理に整理したものが図2であるが、いずれにしても、複雑であることに変わりはない。多面的に評価する必要はあるのだが、総花的に評価すればよいというものでもない。いろいろな要素の中で、精神医学的診断も必要と思うが、心理学的評価（アセスメント）のほうがより重要と筆者は考えている。愛着形成、対人関係スキル、内面の自己イメージと家族イメージ、学習能力、生活技能（セルフケア能力）、衝動性・注意力、外傷体験の時期・期間とその影響など、心理学的評価においてもさらに多面的なアセスメントが大切であることを指摘しておきたい。このアセスメントは、心理職と児童精神科医が協力して行うことが望ましい。そして、嘱託の児童精神科医がいる場合には、発達障害や外傷性の精神障害などの精神医学的な診断と、医学治療（特に薬物療法）の必要性の判断、適切な医療機関への紹介、それにメンタルケア・システム全体のマネージメントへの支援の三点が、仕事として求められるであろう。児童養護施設という現場では、精神科医に対しても、精神医学固有の仕事と、施設の集団力動を読み取りながら、システム全体の調整を行うコミュニティ精神医学（心理学）的な仕事の両方を求められるものである。

児童精神科医が嘱託医として関わったとしても、児童養護施設の側が、児童相談所などの支援を受けながら、施設職員の生活の中での理解と、児童福祉司、心理士、児童精神科医などの評価とを総合して、一定の「見立て」をすることも忘れてはならない。本来は児童相談所がすでにある程度の「見立て」をしているはずであるが、職員の多忙やトレーニングの不足などの事情で不十分であることも多いし、措置後に問題が顕在化することも多いので、一〜二カ月ケアしながら関わっていく中で、改めて施設の側で「見立てる」のが望ましいと筆者は考えている。こうした子どもについての「見立て」は、その子どもの担当職員の他、施設長、ファミリケースワーカー、心理療法担当職員などから構成されるチームが話し合って、共同作業として進めることが望まれる。立場によって見えてくるものは違ってくるし、その子どもの問題点だけでなく、その子どものよい資質や発達可能性にも目を向けるためには、チームで、多様な見方を提出し合う話し合いが、一番、適切な「見立て」や評価につながるのである。

さて、その「見立て」のうえで、子どもへのケアの計画を立てていくことになる。具体的には、生活技能の学習、職員との愛着形成のための工夫、他児との関係の調整、行動療法的アプローチ、学習援助、心理療法の必要性、精神医学的治療の必要性などの項目を検討することが望まれる。生活技能の学習といっているのは、挨拶、洗面や歯磨き、着衣、入浴、配膳、食事、食事の後片づけ、洗濯、買い物、乗り物の利用などのやり方をていねいに教えるということであり、あたり前のことである。あたり前のことがあたり前でなかった子どもたちに対して、日常の生活のあり方を教えながら、言葉を交わすというのは、しつけ直しの意味があるが、生活ケアの基本である。それでいて、その生活ケアの中に、心の交流が生じてくるものでもある。そういう場面でぽろりとしゃべる言葉に重要な鍵がかくされていることもある。施設の中では、生活ケアとメンタルケアはかなり密接に関わっていて、境目はないと言ってよい。日常生活の中で、するべきことを忘れる子や、暴力を振るってしまう子の場合などは、ただ、教えるだけでは教えたことが浸透しないことも多い。そのような場合は、カレンダーやシールを使って行動を記録し目標が達成できたことを一緒に喜んだり褒めたりする一方で、タイムアウトや共有の場のそうじなどのペナルティを含む行動療法的な方法を導入するとよいこともある。年少の子どもに対する暴力などには毅然とした態度が必要である。施設に入ってきたばかりの手どもや、乳幼児期の養育環境が不安定な子どもの場合は、最初の数カ月は、施設という場と職員に愛着を形成するために全力を尽くす必要があるケースもまれではない。小学生までなら、添い寝をしたり、一緒に裸でお風呂に入ったり、抱っこをしたりといったケアも必要になる。ときには、何時間も思春期の子どもと話し込んで、それまでのこじれた両価的な関係を変えていく場合もある。このようなケアは、生活ケアではあるが、精神科医や臨床心理士にはまねのできない優れたメンタルケアにもなっていて、感動的な効果を示すこともある。もちろん、スキンシップすればよい、熱心に関わればよいのではなく、経験に裏打ちされた勘に頼りながら、関わり方を工夫することが大切である。

心理療法や医療については、どうだろうか。児童養護施設で心理療法を始めてみるとわかるが、子どもたちの心理療法的な関わりへのニーズは大きいものがある。一対一で向き合って話を聞いてもらうという体験が乏しい大舎制の施設などでは、ほとんどすべての子どもが心理療法を希望してくることさえある。実際、表面的にはとてもうまく適応している子どもでも、心理療法の世界では、厳しく怖い体験や深い絶望感を表現することは、まれならずあることなので、求められると断りにくいものだが、実際は、職員の力量の範囲で、工夫をしながら、全体の生活ケアに貢献できる情報を提供できるように仕事していくしかない。長くつとめている心理療法担当職員は、生活ケアの職員とは違って、施設長のレベルから幼児のレベルの間を自由に行き来できるし、現実的な決定をしない不思議な存在として、独特の地位を獲得することがある。医療機関は、何ができるだろうか。そもそも、感情の爆発や暴力的な行動がどうしてもおさまらない子、発達障害でパニックを頻繁に起こす子、自傷行為や摂食行動の問題がある子、幻覚や解離状態を示す子なども、施設に少なくとも数名はいるものである。こうした子どもを診療できる精神科医は、どのくらいいるだろう。筆者自身も力量と時間のなさを痛感しているが、地域の中で、多くの場合、頼れる医療資源は非常に限られている。それでも、暴力がどうしてもおさまらないときなど、入院治療も含めて対応できる医療機関が必要なことはあるし、少なくとも発達障害や外傷性精神障害などの診断と薬物療法だけでも適切に行ってくれる施設が求められる。

以上、かなり多くのことを述べてきたが、施設におけるケア計画は、過度に綿密なものである必要はない。計画書ばかり立派であることよりも、実際の子どものケアをどうするかが問題なのである。しかし、よく考えずに何となくケアを進めていくのも危険であり、施設に入ってきた始めの時点で問題点を整理して、入所後の問題の発生や発達可能性の予測をしておく習慣はつけておいたほうがよい。

V　児童養護施設におけるメンタルケアのあり方について

次に、児童養護施設におけるメンタルケアについて、どのように進めるとよいのかを筆者の経験から述べていきたい。始めに、あたり前のことだが大切な点を指摘しておきたいのだが、メンタルケアが強調される以前から、うまく機能している児童養護施設では、施設全体が一つの治療的な養育環境を提供してきたということである。「いつ食事にありつけるのかわからない」「いつ殴られるのかわからない」「親もどう子どもをしつけ育てたらいいかわからない」といった状況の中に生きてきた子どもたちにとって、とりあえず、一定の秩序を持って、自分に関心を持って関わってくれる職員がいる施設の環境は、治療的な側面を持っている。しかし、同時に、環境の変化や集団生活は、一見、自宅よりは好ましいように思われても、その子どもにとっては、その環境へ適応すること自体がつらい体験になり、外傷的にさえなり得る。何より父母など家族から引き離されることは、たとえ虐待やネグレクトがあっても、悲しいことに違いはない。従来から施設に内在している子どもの発達を促進させる機能や治療的な機能をさらに向上させる一方、二次的な外傷体験をできるだけ少なくし、子どもの怒りや悲しみにも理解を示すことができる治療環境を構築していくことが、今、児童養護施設の課題である。そして、最近導入された「心理療法」は治療的環境の一部として機能すると同時に、その児童の施設内でのケアの流れをモニターする機能も果たしているという視点が重要であることも強調したい。心理療法は、しっかりした枠組みの中で、一対一で子どもが受容的な心理療法担当職員と遊び、あるいは話を聞いてもらう治療的な場を提供していて、それだけでも一定の効果はあると考えられる。しかし、児童養護施設における心理療法においては、心理療法やスーパービジョンで得た知見を職員全体で共有できるような環境づくりが重要であることも指摘しておきたいのである。施設内においては多職種間の連携が重要であり、その要に心理療法担当職員も参加する事例検討会（ケース・カンファレンス）が位置づけられるのがよいと筆者は感じている。月に一～二回、各二時間くらい、じっくり一人の子どものケースを検討したり、ざっと施設全体の問題を話し合うことをしたりすることができる場を定期的に持つことは、チームによる見立ての作業と同じように有用である。そうしたケース検討の場は、職員同士が支え合う場として機能し得るものである。そして、「見立て」（診断評価）の作業と事例検討、それに日常のインフォーマルな情報交換の積み重ねの中で、その施設の実情に合った多面的なメンタルケアのシステムが構築されて行くものである。参考までに、筆者が山形学園で実施しているメンタルケアのシステムのイメージを図3に示しておく。

施設外の機関としては、児童が通う教育機関及び児童相談所との連携が最も重要であるが、すでに述べたように医療機関との連携もケースによっては必要である。施設外の機関の中では、児童相談所によるサポートが不可欠であることは言うまでもないことだろう。しかし、現状では、ほとんどの児

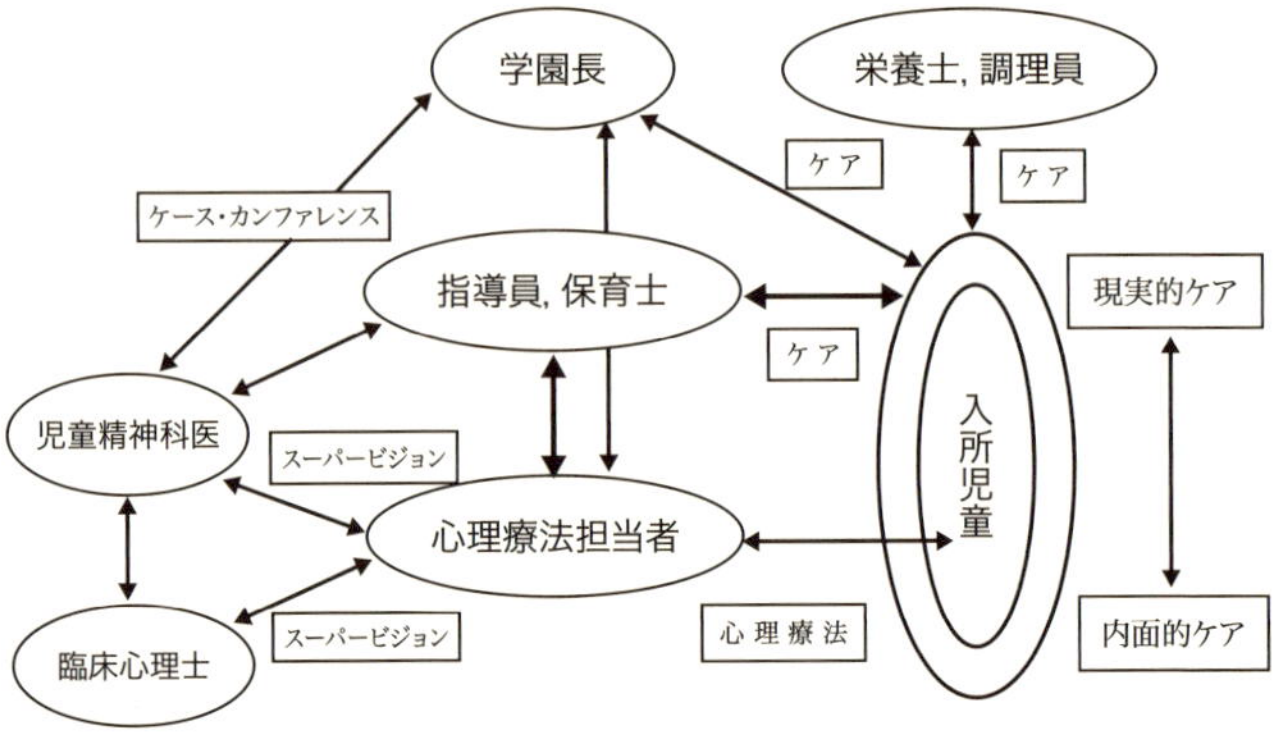

図3　A学園の心理的ケアのシステム

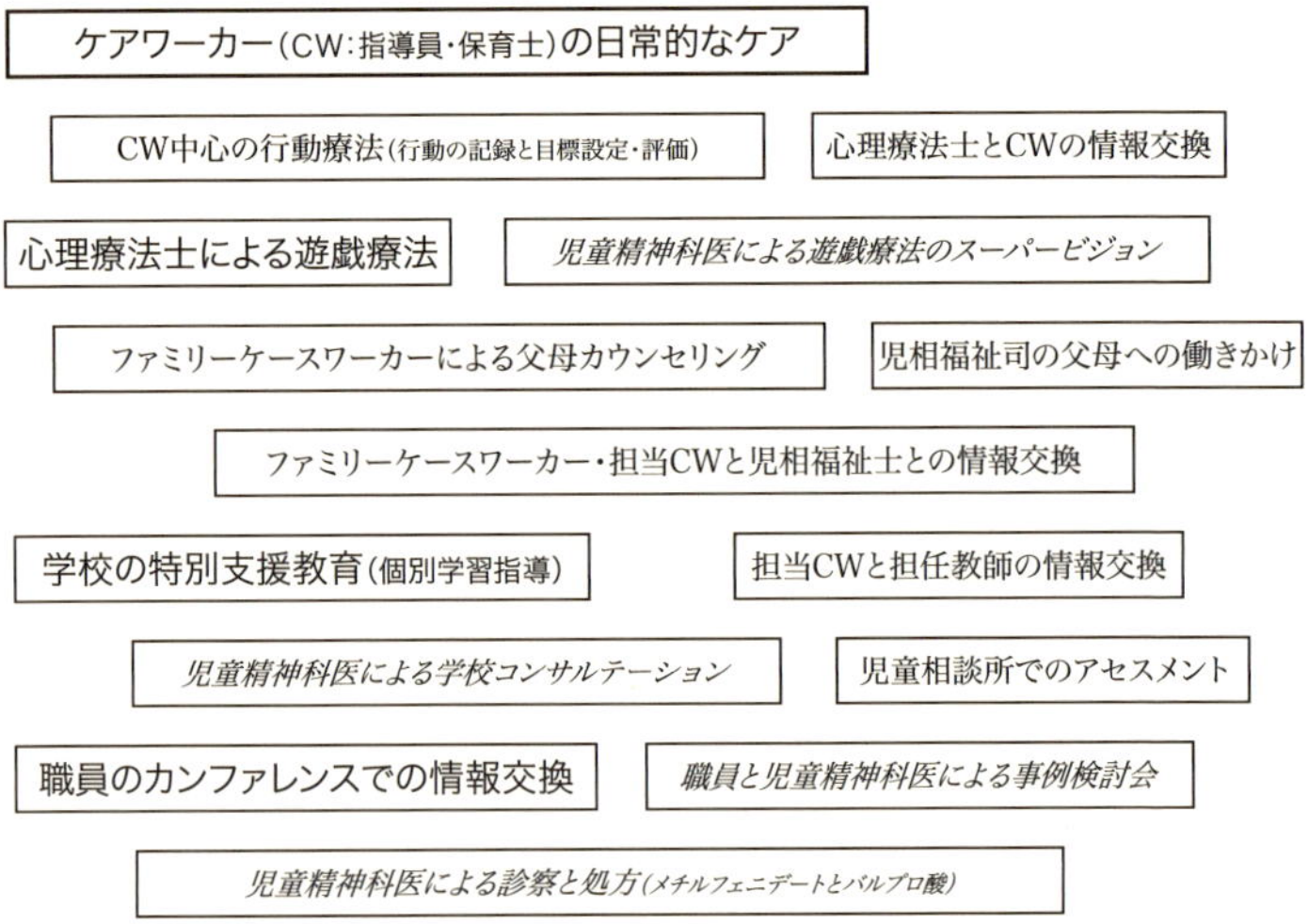

図4　ある事例へのメンタルケアの実際
注）斜体は著者の行った活動を意味している。

童相談所は、児童養護施設に対して十分なサポートを提供できているとは言えないだろう。児童相談所に今後望まれることは別の節で述べたいと思う。

ここで、典型的なメンタルケアの例を挙げてみよう。もともとけんかが多く、ときには乱暴な行動が施設内で見られた男の子は、学校ではかなり落ち着いた行動を示せるようになっていた。そして、薬物療法や行動療法的な介入の効果があって、施設での行動も落ち着きつつあった。ところが、学年があがってしばらくしてから、彼は担任の女性教師を叩くという行動を示した。そして、施設内でのけんかがまた増えてきた。やっと落ち着いたばかりなのに、どうしてそんな行動が起きたのだろうか。担任の教師は教育熱心な人で、個別的な学習も取り入れてくれたのだが、学習障害傾向があるその子どもにとっては、それがかなりのストレスになっていたのである。心理療法では、一方的に自分だけが勝つゲームをしたがる子であった。そこで、学校で、担任教師や校長、特別支援教育担当の教師、それに、施設の職員、主治医による話し合いが行われて、教育の方法を少し変えてもらった。施設内での暴力的な行動に対しては、ペナルティも含めた行動療法的な介入を再開した。そうした工夫の結果、その子どもの行動はまた落ち着いてきた。この事例での心理的ケアの状況を図示したのが、図4である。この図のすべてを理解していただくためには、詳細な事例報告が必要だが、ここでは、多様なケアが多様な場で行われているのだということだけでも理解していただきたいと思う。

Ⅵ　児童養護施設における心理療法について

筆者が、児童養護施設のメンタルケアに探く関わるようになったのは、心理療法担当職員の導入に協力するという経験がきっかけであった。児童養護施設での心理療法の事例についてもかなり多数のケースのスーパービジョンを経験してきた。この結果については、現在、客観的な評価も含めて検討しているところであり、本章では、詳細に述べることはできないが、ここでは、多数例から抽出された心理療法のプロセスの概要と、心理療法の位置づけについて述べたいと思う。図5は、施設内での心理療法の対象となった三二名の子どもたちの心理療法の記録を振り返り、そこから心理療法において重要な要素と思われるものを抽出し、心理療法プロセスのモデル的な経過として示したものである。抽出の作業は、二人の心理療法担当職員と筆者とで行った。その要素は、①自己紹介・関係の模索、②退行（赤ちゃん返り）、③外傷体験の再演、④試し行動（確かめ）、⑤外傷体験の情緒的想起、⑥生まれた理由への問い、⑦死と再生のテーマ、⑧情緒表現の言葉の獲得、⑨自己コントロール・自尊心の獲得、⑩未来への展望、⑪出立の準備の一一の要素である。これらの要素も、すべての心理療法で顕在化するわけではないし、⑧以降の段階になかなか到達できないのが実情でもある。

このようなプロセスは、心理療法の中だけで展開するのではなく、児童養護施設という治療的な環境の中でダイナミックに展開するのだと考えられる。通常、心理療法の中で生じてきた情緒や葛藤、つまり転移が、心理療法の場の内外で顕在化した行動や態度で表現されることは、行動化と呼ばれる。

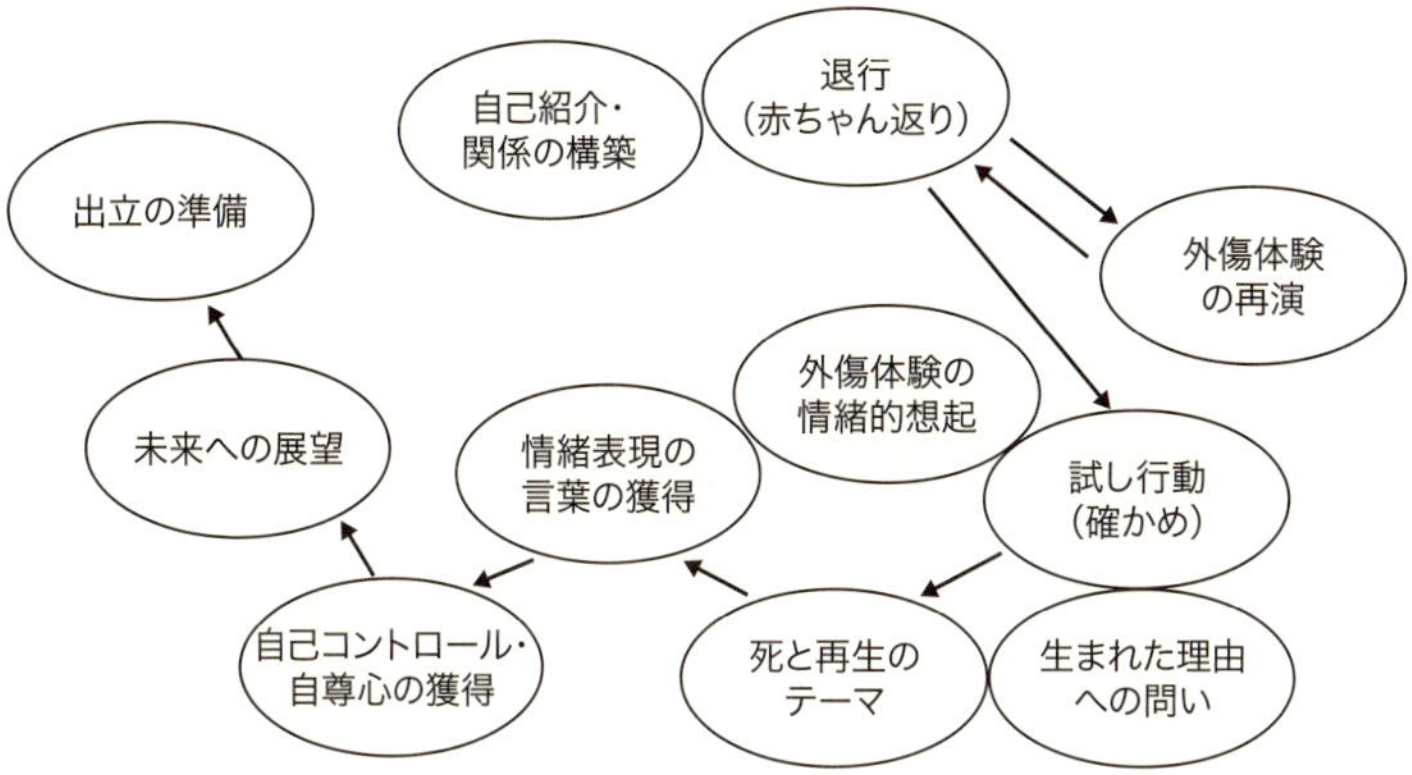

図5　被虐待児の心理療法のプロセス

行動化、特に面接の外での問題行動としての行動化は、一般的にはあまり激しい形にならないことが望まれるが、虐待を受けた子どもの場合、行動化を起こさないということは不可能に近く、しかもときに激しいものになりやすい。いたずらに行動を起こさせるような介入はしてはいけないが、それでも行動化は生じるものである。その行動の意味を心理療法担当職員だけでなく、施設という環境全体が理解し、受け止めることが重要である。行動をコントロールするために、すでに述べたような行動療法的な介入も有効なことがあるが、その背後に行動の意味の理解がなければ、効果も薄くなりがちである。

心理療法が有用であった例を一つ挙げてみよう。ある施設で、幼稚園の男子が、同じくらいの年頃の女子と性行為を思わせる行為をしたことがある。それを劣悪な環境のために大人の模倣をしているのだとか、性的な欲求がこんな低年齢の子どもにも顕在化してしまうのだという見方で見るなら、その行為に対して嫌悪感や不気味さを感じ、施設の職員は懲罰的な対応をしてしまうかもしれない。しかし、その子どもの心理療法のプロセスやふだんの言動を注意深く読み取ると、その子どもが母親から離れてしまったことを悲しみながら、自分が生まれてきたことの意味を知りたいと思うとともに、施設という新しい環境でもう一度生まれ変わろうとしているのだということがわかってきた。そして、そうした性的な遊戯が自分の生まれ変わりの儀式の一部であったことがわかったのである。こうした理解が、心理療法担当職員や生活ケアを行っている職員の不安や嫌悪感を軽減することになった。そして、心理療法の中で、出産の場面を厳粛に演じたのちに、その子どもの性的な行動は見られなくなった。このような理解は、通常の生活ケアの中だけでは、難しいことである。このケースでは、心理療法からの理解が有用であった。そして、個々の心理療法はそれぞれ独自の展開を示すのだが、その展開の理解のためのガイドラインとして図5のような心理療法のプロセスのモデルは役立つだろう。なお被虐待児の心理療法に関しては、ドノヴァンとマッキンタイア著・西澤哲訳の『トラウマをかかえた子どもたち――心の流れに沿った心理療法』（誠信書房、二〇〇〇）やビヴァリー・ジェームズ編著・三輪田明美ら訳の『心的外傷を受けた子どもの治療――愛着を巡って』（誠信書房、二〇〇三）などが参考になるだろうが、これらの翻訳書の多くがある学派や自分の主張のための著作という側面が強い点には注意が必要である。

施設の中での心理療法においては、すでに述べたような行動化の理解と対処が大切であるが、その他に、集団生活の場で行われる心理療法の特殊性をよくわきまえることが求められる。生活の場であるから、食事や家族の面会、通院、施設内の行事などの影響で心理療法がスケジュールどおりに行われにくいことがある一方、子どもたちは切実に心理療法の時間を求めていることも多い。集団の中での心理療法だから、心理療法を受けていることを全く秘密にはできず、心理療法を受けている同士、あるいは受けている子と受けていない子の間で、同胞葛藤のような葛藤が生じやすい。心理療法の時間に邪魔しにくる子どもも少なくない。頑固に時間と空間を守ろうとすることは心理療法の世界では常識だが、他の職員からは非常識で融通のきかない態度としてとらえられるかもしれない。それでも、職員と情報交換しながら、徐々に心理療法担当職員としての信頼を獲得し、心理療法の時間と空間を確保できるシステムを作っていく努力が必要である。同時に、生活ケアや学習指導との連携や調和にも気を配っていくことも忘れてはならない。児童養護施設で心理療法担当職員を務めるということは、ストレスの多い大変な仕事なのである。しかし、それは生活ケアの職員も同様である。だから、互いに協力し合うチーム作りを目指すのであるし、児童養護施設という現場をよく知っている児童精神科医や臨床心理士などによるスーパービジョンやコンサルテーションも必要なのである。そのような努力や苦労は、子どもたちの成長を目にすることによって報われることになる。

Ⅶ　児童相談所に求められること

さて、ここまであえてあまり言及してこなかったことがある。それは、児童養護施設でのメンタルケアにおける児童相談所の役割ということである。筆者は、児童相談所での常勤の医師としての経験はないが、嘱託医としての経験はある。今も山梨県中央児童相談所の嘱託医をしている。しかし、ここで述べたいことは、児童養護施設の子どもたちや職員、あるいは外部の医療機関の医師の立場からの児童相談所への要望である。

現在、児童相談所は、児童虐待や少年非行への対応で、非常に多忙で厳しい状況にある。それも理解しているつもりだが、多くの児童相談所の職員の努力にもかかわらず、措置前のアセスメント、入所中のメンタルケアへの支援、いわゆる家族再統合を中心とした家族への支援の面で、まだまだ児童相談所に求められることはある。それを以下に述べる。

まず、心理社会的アセスメントの質の向上が求められる。最近の印象では、親の世代の情報（社会調査）の収集が不足している。したがって、家族再統合や里親委託へ向けての判断材料も乏しい。家族再統合や里親委託にあたっても、親・里親と子どもに関してのアセスメントが必要になるのだが、それが確立しているとはいいがたい。突然、親の希望もあるので、家に帰ることになりましたという連絡が施設に入って驚かされることも少なくない。また、子どもに関しては発達障害も視野に入れた発達評価の質の向上が求められる。これは、医学的診断の質の向上とともに求められる。医学判定（診断）担当の医師は、狭義の発達障害の診断と情緒的な発達上の問題の力動的な診断の統合ができる力量が求められる。

また、処遇困難例へのコンサルテーション機能の向上や施設内での心理療法に関するスーパービジョン機能も児童相談所には担っていただきたい。心理療法のスーパービジョンは、地域によってはスーパービジョンを行える臨床心理士や精神科医がほとんどいないこともあるし、いたとしても施設の実情を知らない。そこで、児童相談所自体が診療機能や心理相談機能を新たに持つか強化し、福祉領域の現場に通じた児童精神科医や臨床心理士を育成し、育てた専門家を常勤あるいは嘱託職員として雇用し、コンサルテーションやスーパービジョンの仕事にも携われるようにすべきだろう。

すでに述べた家族再統合や里親委託のときのアセスメントに加えて、家族や里親への継続的な支援を児童養護施設の職員と連携しながら進める必要がある。これまでは、児童福祉司が一人で抱え込み、施設との連携も不十分であったように思われる。

以上のような要望を実現するには、結局、心理職・福祉司の増員と専門性の向上と児童精神科医の確保が必要になる。心理職や福祉司については、ベテラン職員と一緒に行動する形での初任者研修、中堅のスキルアップのための研修が不可欠であるが、事例検討会、個人スーパービジョンの機会を所内外に自分から求めることも考えていただきたい。福祉の現場に通じた児童精神科医の確保も困難な課題であるが、若い精神科医や小児科医を育てるつもりでいたほうがいいだろうと筆者は考えている。

Ⅷ　おわりに

筆者の経験をもとにして、児童養護施設でのメンタルケアの実情を、ミクロ的な立場で報告してきた。これまで述べてきたことを、要約して述べたいと思う。

現在、児童養護施設には、虐待やネグレクトなどの体験をして措置されるケースが増えてきており、生活の場・子育ての場でありながら、メンタルケアの機能も求められている。そのような困難な状況で、何をしていけばよいのだろうか。

まず、児童養護施設におけるメンタルケアにあたっては、初期の段階で、多面的な診断・理解と方針を関係者全体で共有することが求められる。そのためには、施設内のケース・カンファレンスを定期的に（月一～二回）開いたほうがよい。インフォーマルな情報交換だけに頼っていると、情報は情緒的にゆがめられやすく、全体で共有できないのである。次に、児童養護施設のメンタルケアにおいて、子どもの生活環境全体がメンタルケアの場であると考えるべきである。心理療法さえ導入していれば、優れたメンタルケアができているわけではない。ただ、心理療法を導入するときには、生活の場での実践だからこそ、心理療法の時間や場所などの枠組みを守る方向での努力も大切である。そのうえで、心理療法でわかった子どもの心理の理解を、守秘義務にも配慮しつつ、職員と共有することが望ましい。未熟な心理療法担当者は児童福祉の現場を知っている心理療法の専門家や児童精神科医にスーパービジョンを受けることが不可欠である。心理療法の他に、学習援助にもメンタルケアの側面があると考えるとよいことがある。施設内での学習ボランティアを活用するとともに、学校教師との情報交換、連携が重要となる。生活の場の問題行動では、行動療法的な方法を取り入れるとよい。できれば相談できる児童精神科医を確保することもお勧めしたい。家族再統合が可能なケースでは、ファミリーケースワーカーや子どもの担当職員が、児童相談所の児童福祉司と密接に連携しながら、家族に積極的な働きかけをすることが、今後は求められるだろう。児童養護施設でのメンタルケアの質を向上させるためには、外部からの支援、特に児童相談所からの支援が強く求められるが、そのためには児童相談所の機能の強化が必要になるだろう。

筆者は、児童養護施設でのメンタルケアについて、今後も経験を積み重ね、さらに検討を進めていきたいと考えている。この仕事は苦労も多いが、やりがいもある仕事であるということ、何より子どもたちとその親がメンタル面の支援を強く求めているのだということを強調して、この文章を終えたいと思う。

文　献

(1) 高橋利一編著：児童養護施設のセラピスト——導入とその課題．筒井書房、二〇〇二．
(2) ドノヴァンとマッキンタイア著／西澤哲訳：トラウマをかかえた子どもたち——心の流れに沿った心理療法．誠信書房、二〇〇〇．
(3) ビヴァリー・ジェームズ編著／三輪田明美他訳：心的外傷を受けた子どもの治療——愛着を巡って．誠信書房、二〇〇三．
(4) 村瀬嘉代子監修／高橋利一編：児童養護施設における心理援助．新曜社、二〇〇二．

第三部　事例と助言

11　治療の難しい児童虐待事例

はじめに

全国の児童相談所における児童虐待の相談対応件数は、年々、増加しており、平成二四年度には、六六八〇七件（厚生労働省の速報値）に達した。児童虐待という現象について、教育、福祉、医療関係者、さらには地域社会の関心が高まったために増加している面もあるが、実際に虐待やネグレクトを受けている子どもたちの比率（人口対）が増えている可能性もある。そして、虐待によって亡くなったと判断された子どもの数も平成二四年度には九九人（心中事件を含む）に達した。医療関係者も、虐待やネグレクトは、どの地域でも、どの社会階層でも起こりうるありふれた現象であることを改めて認識する必要がある。

精神科医は、虐待の被害者を診察することも多いが、被害者の精神医学的診断は多様である。(1) また、精神科医が診療している患者が虐待の加害者であることも稀ではない。そして、児童虐待の加害者が、自らが虐待している事実を否認したり、過小評価したり、正当化したりすることは少なくない。精神疾患で現実検討能力が低下している場合は、自分が虐待やネグレクトの加害者であるということを自覚できない場合もあるだろう。また、虐待を受けている子どもも、親などの加害者をかばったり、恐怖のために虐待の事実を言えなかったりする。身体的虐待やネグレクトは比較的把握しやすいが、性的虐待や心理的虐待は隠蔽されやすい。いったん、事例化した後も、その対応は困難がつきまとう。そもそも、児童虐待の事例の多くは、様々の困難を内包しているとも言える。

児童虐待という問題の重大性や広がりを考えると、児童精神科医だけでなく、一般の精神科医も、児童虐待についての関心を高く持ち、児童虐待のケースでの具体的な対応方法を知っていることが望まれる。本稿では、児童虐待事例を提示し、虐待事例への対処の難しさと虐待事例への対処方法上の留意点について、著者の考えを示したいと思う。

Ⅰ　症例提示

本症例は複数の実症例を参考にして作成した仮想症例で、特定の個人情報は含まれていない。

A：四歳一〇カ月（初診時）男児、注意欠如・多動症、脱抑制型対人交流障害

B（Aの実の母親）：三八歳（Aの初診時）女性、双極Ⅱ型障害、境界性パーソナリティ障害

虐待事例であり、親子両方が精神科疾患を持っているが、ここではAの病歴を中心にして記述する。

初診時主訴：落ち着きがなく、言うことをきかない。夜、家の外に出てしまう。

家族歴：母親Bは地方の出身で、家出をした十八歳までは同じ地域に住んでいた。母方祖父は、六〇歳（受診の二十四年前）の時に脳出血で死亡しているが、若い頃からアルコール依存症で、母方祖母に対しての暴力と子どもへの身体的虐待があった。母方祖母は母方祖父についてBにぐちを言うことが多く、あまり父親から守ってくれる感じがしなかったとBは回想している。母方祖母は、六五歳（受診の五年前）の時に悪性腫瘍で死亡した。母方伯父は幼少時に事故で亡くなっており、母方伯母は四〇歳で独身だが遠方に住んでいて母親Bとの交流がない。母親B（以下、母親と表記）は、十八歳頃に家を出て、大都市郊外で夜間の飲食店の仕事をするようになった。二〇歳の時に、勤めていた飲食店で知り合った男性と結婚し、女児を産んだが、その男性が酒を飲むと暴力をふるう人だということもあり、二四歳の時に離婚した。長女は、その男性の両親が引き取った。その頃から、気分の変動があり、自分の手首を切るなどの自傷行為もするようになった。母親は、双極Ⅱ型障害と境界性パーソナリティ障害という診断のもとで精神科病院の外来に通院していて、何回か一～二カ月間の入院治療も受けている。三二歳の時に通院していた精神科病院で二〇歳年上のAの実父と知り合い結婚してAを産んだ。実父は、アルコール依存症であり、酔うと母親を殴るなどの暴力を振るうことがあったが、Aが三歳六カ月の時に五五歳で肝硬変のために死亡した。

生育・生活歴：Aは妊娠三九週の時に自然分娩で生まれた。生下時体重は二七六〇グラムで、母乳の出が悪いためにミルクを与えた。発育は順調だったが、母親の精神状態の悪化により、生後三カ月から乳児院に半年間措置された。母親によると始歩も始語も一歳前後だというが記憶ははっきりしない。一歳半の健診で遅れを指摘されなかった。三歳児健診は受けていない。歩き始めてから、あまり人見知りせず、よく動いた。目を離すとどこに行くかわからない子だった。母親に身体をくっつけて甘えてくることはあった。実父が亡くなってからは、母親が精神障害で年金をもらい、生活保護も受けながら、一人でAを養育した。母親は、現在、家庭を持っている十六歳年上の男性Cと交際している。

現病歴：生育歴で述べているように、歩き始めた後、Aは落ち着きがなく、我慢をするのが苦手な子であり、目が離せない子だった。公園などで会う同年代の他の子に対する興味はあり、母親の表情を読み取る力も普通にあったようである。Aは、主として母親に養育されていた。母親は、気持ちに余裕がなく、落ち着かないAが言うことを聞かない時やぐずった時などに、平手で叩いてしまうことがあった。

実父が亡くなった後、母親の精神状態はより不安定になり、薬を多めに飲んで寝込むことや、自傷行為をすることも増えてきた。三歳六カ月で、母親の病気を理由に、日中はAを保育所に預けるようになった。保育所では、他の子と駆け回ることや、滑り台やジャングルジムが好きだったが、時々、おもちゃをめぐって他の子とけんかになり、他の子にかみついたこともある。時々、母親からの連絡なく保育所を休むこともあった。保育士からは、落ち着きのなさや乱暴さを指摘されていた。また、Aが同じ服を長く着ていて、入浴していないらしいことが保育所で問題になっていた。食事はとれているようだが、コンビニエンス・ストアで買ったパンやおにぎりなどが中心のようであった。そして、時々、夜、家の外で遊ぶAの姿が目撃されるようになった。地域の子ども家庭支援センターに情報が入り、ケースワーカーと保健師による家庭訪問が行われるようになった。母親はケースワーカーの助言で、レスパイトの目的でAを一週間くらい一時保育に預けることもあった。Aが四歳になる直前に、母親は、家事もできない状態になり、自設企図などの理由で精神科病院に入院した。Aは児童相談所の一時保護所で保護され、その後、児童養護施設に措置された。母親の退院の後に、母親の精神状態が回復しているという判断でAは四歳三カ月で家庭復帰した。家では、児童養護施設で年上の男児から殴られたことや、施設の職員から怒られてばかりいたことを母親に告げた。それを聞いた母親は施設の対応に問題があったのではないかと疑った。退院後、母親は精神科病院で知り合った年上の男性Cと交際するようになり、Cが、時々、Aの自宅に泊まりに来るようになった。この頃、CがAを殴ったり、目立たない所にタバコの火を押しつけたりしていたことが後に発覚した。保育所では、Aは、時々ぼうっとすることがみられた。その一方で、戦いごっこをすると興奮してしまい、ケラケラ笑いながら、他の子を一方的に棒で叩いてしまうこともあった。母親の精神状態は徐々に悪化して、母親が寝た後、夜中にAがアパートを出てしまうことが何度かあった。

四歳一〇カ月の時に、上述した母親の主訴で、D総合病院の小児科外来を受診した後、E病院児童精神科に紹介されて受診した。

初診時、母親と一緒に入室したAはニコニコしていて、「保育所は楽しい」と答えた。困っていることは、「なあい」と言いながら診察室の中をきょろきょろ見渡した。髪を金色に染めてスエットを着た母親のBは、Aが動き回り親の言うことを聞かないことや、児童養護施設の対応が悪くて退所後にAがさらに反抗的になったと訴えるのだった。自分も自分の主治医も施設に入れることには反対だったのに無理に措置したのは児童相談所のケースワーカーの独断で、仕方なく同意したのだと母親は説明した。その間に、Aは診察室の中を歩き回った後、ぬいぐるみを複数取り出し、遊びを始めた。「俺様はつよいんだぞ」「お前なんか死んじゃえ」と大きなクマが小さい猿に言い、その後、小さい猿のぬいぐるみは一方的に叩かれていた。その様子を気に留める様子もなく、母親は施設や児童相談所の対応がいかに悪いかを言い続けた。夜に眠れなくて、たくさん薬をのんでいることなど、次第に自分がいかに大変かという話になったが、かといって子どもを取られてしまうことも怖れている様子だった。ぬいぐるみの遊びが終わり退屈そうにしているAに白い紙とクーピーを渡し、好きなように描いてもらうと、黒い色でぐるぐる塗りつぶすように描いて、具象的な形を描くことはなかった。

Aは、生まれつき注意欠如・多動症の傾向はあると思われたが、身体的虐待や母親の病気によるネグレクトの影響や乳幼児期の母子分離がAの精神発達に与えている影響も大きいと考えられた。後日、行われた田中ビネー知能検査Vでは、知能指数が九六と判定された。

その後、子ども家庭支援センター、保健所、児童相談所、保育所、福祉事務所、母親の通う病院の主治医と情報交換を行いながら、Aの継続的な診察と母親ガイダンスを始めた。Aの多動傾向に対して、薬物療法も試みた。しかし、Aの行動は改善せず、夜に家を出ることは続き、家の中で包丁を持ち出して母親につきつける事件もあったため、児童相談所が再び一時保護を行って、児童養護施設に措置されることになった。その後、主治医はAの外来診療と児童養護施設へのコンサルテーションを続けている。

表1　医療上の困難のタイプ分け

	事例の困難性	疾患の困難性
患者本人が困っている	1	2
医療側が対応に困っている	3	4

Ⅱ　困難のタイプ分け

児童虐待の事例は、表1のタイプ1と3に該当する。

Ⅲ　キーポイントの抽出『どこが困難なのか』

①子どもの行動上の問題の背景に注意欠如・多動症や愛着の問題、心的外傷の影響が複雑に絡まり合っている
②母親B自身も虐待を受けて育った人で、人と信頼関係を作るのが難しい人である
③母子がお互いに影響を与えて、一緒に混乱しやすい
④母親Bの通院する医療機関も含めて多数の機関が関わっていて意見調整が難しい
⑤母親Bが児童相談所などの行政機関に対して強い恨みの気持ちを持っている

Ⅳ　基本的対応例

初診の時点では、主治医は、母親の話をまずじっくり聞き、母親の困っていることを明確にし、継続的な医療の必要性を説明した。現在の状況で、身体的虐待によるけ

がや死亡のリスクは高くないが、夜間、子どもが家を出ることで不慮の事故に遭うリスクは比較的高いと考えられた。ネグレクトの状況があり、このままの状態が続くなら放置できないこともたしかである。しかし、すでに児童相談所や子ども家庭支援センターなど地域内の行政機関が関与しており、緊急に電話で通告する必要はないが、文書で情報を提供する必要があるだろうと主治医は判断した。そして、落ち着きのない行動は、ネグレクトや愛着の障害の影響が強いと考えられるが、注意欠如・多動症の要素もあり、現状を考えると就学前ではあるがatomoxetineなどの薬物を試みる価値はあると主治医は考えた。そこで、薬物療法が提案され、母親は同意した。Aの心理療法も必要かもしれないと考え、地域内の心理療法を行える資源を調べることにした。そして、福祉面の支援や関係機関との連携については、病院内の精神保健福祉士に相談した方がいいと考え、地域の資源についての概要を学ぶことができた。

V　応用対応例

Aの診察を継続する中で、母親の訴えだけでは、事実関係が十分に把握できないと主治医は感じたので、母親の承諾を得た上で、児童相談所の担当者と母親が通っている精神科病院の主治医にメールと電話で連絡をとった。児童相談所の担当者は、母親が十分なケアができない状況について、保育所や子ども家庭支援センターや保健所からの情報で把握しており、母親が退院後も育児に自信がないと訴えていたこともあって、母親が入院した時は、児童福祉施設に親の同意のもとで措置したという事実を開示した。母親は、児童養護施設入所措置については、児童相談所に子どもがとられたという思いが強く、手のかかる子どもであったが、Aを手放すことは唯一の肉親が離れてしまう寂しさにも繋がっていて、児童相談所を恨んでいると思われるという児童福祉司の意見も付け加えた。母親の主治医は、暫定的に双極性障害Ⅱ型と境界性パーソナリティ障害という診断をしているが、生育歴が現在の母親の問題に深く結びついていると考えているとのことであった。そして、母親の主治医としては、母親の子どもと離れる寂しさに理解を示すことは言ったかもしれないが、児童相談所の措置に反対したわけではなく、その対応は適切と感じていたと述べた。

こうした情報から、母親の行政への不信感が強いこと、その背景に、母親の孤独感や、Aと母親の役割逆転が見られること、Aの落ち着きなさは、注意欠如・多動症の側面もあるが、愛着の問題、母子関係の問題、心的外傷の影響も大きいだろうと主治医は判断した。そして、地域内での事例についての情報交換と意見調整のための会議を開く必要性を感じていたが、まもなく、子ども家庭支援センターからの提案で、センターを会場にして関係者会議が開かれることになった。関係者会議では、母親の病状の問題や子どもの行動の問題と母子が相互に刺激して問題を大きくしている現状が報告され、母子の言動に振り回されずに客観的な情報を関係機関で共有し、再保護と児童養護施設への長期措置の方向で対応すべきであるという意見で最終的には一致した。その上で、ゆっくり家庭復帰（家族再統合）を目指すということになった。情報の共有のマネージメントは、子ども家庭支援センターが行うこととなった。そして、施設入所後も、入院治療が必要なケースを除き、主治医は変えないことを原則とした。支援の中心は、子ども家庭支援センターや児童相談所、そして措置された場合には、それに児童養護施設が加わることになる。主治医は、この母子の心理状態の理解や精神医学的アセスメントと子どもの薬物療法を行っているが、主治医としての診療のほかに、関係機関へのコンサルテーションという形での支援も行うというスタンスをとることにした。関係者会議で決められた方向性については、児童相談所の児童福祉司から母親に説明された。母親は児童相談所などの行政機関の対応への不満もあったが、家庭での養育の難しさを強く感じており、最終的に児童養護施設への措置に同意した。

Ⅵ　経　過

その後、子ども家庭支援センター、保健所、児童相談所、保育所、福祉事務所、母親の通う病院の主治医と情報交換を行いながら、Aに対して atomoxetine による薬物療法を行い、母親へのガイダンスを続けた。しかし、Aの行動は改善されず、母親と一緒になって混乱していて、Aが夜に家を出ることは続いた。家の中で包丁を持ち出して母親につきつける事件もあったため、児童相談所が再び一時保護を行って、児童養護施設に措置されることになった。その後、主治医はAの外来診療と児童養護施設へのコンサルテーションを続けている。児童養護施設の中では、担当保育士への愛着が形成され、Aと母親の間のとも揺れに対しても、事実関係を確認し、情報を関係者間で共有し、一貫した態度でぶれないことで、対処した。徐々にAも母親も落ち着きを取り戻し、自宅への外泊が可能になった。現在、家族再統合（家庭復帰）を目指して、外泊を定期的に行っている。

Ⅶ　考　察

児童虐待が関連していると思われるケースの場合、子どものことで医療機関に来た時は、初回は母親の訴えをよく聞くことにつとめることが大切である。母親の話や他の情報から虐待やネグレクトを疑われているケースで、親が子どものことで受診してきた場合には、いかに親と信頼関係を作るかが大切である。まだ関係ができないうちは、「あなたのしていることは虐待ですよ」といった直面化する発言は避けて、母親自身が困っていることをていねいに聞きながら、継続した受診を勧めるのである。もしも、診察した医師以外は虐待に気づいていないという場合には、児童相談所や子ども家庭支援センターなどに情報を伝えること（通告すること）が求められる。児童虐待と思われるケースについて通告することは「児童虐待の防止等に関する法律」によって広く国民に義務づけられており、医師であっても守秘義務より通告の義務が優先すると考えるべきである。通告は、親の同意を得る必要はないのだが、可能な場合は、「通告しますよ」という高圧的な言い方ではなく、親子双方への支援のために児童相談所や子ども家庭支援センター（市町村の所轄課）と連携するということは伝える方がよい。ただし、それを言うことで医療機関に来なくなることが予想される場合には、連携や通告の事実を伝えないという判断をすることもあるだろう。なお、虐待の疑いがあることを関係機関に通告した場合、通告に対応した行政側の職員の名前を記録しておくことと、その後、どのような対応がなされたか（あるいは、なされなかったか）について、数日後に問い合わせることが大切である。「通告したのにその後何も言ってこない」というような待ちの姿勢は、専門家としては適切ではない。また、地域の状況をよく知っているケースワーカーなどの同僚に相談することも大切である。どこにどのように繋ぐとよいかという情報や手立てをケースワーカーや訪問看護師が持っていることも多いものである。

子どもが受診した場合には、子どもの問題をすべて虐待に関連づけずに、様々な可能性を考慮して、治療の方向性を決めることが求められる。子どもへの薬物療法や心理療法、親面接、親の経済的な困難への支援、他機関との連携など、何を優先的に行うかを考えながら、方向性を決めるのだが、医師がその分野に自信がないなら、児童相談所の嘱託医をしている医師や近隣の児童精神科医に相談する必要があるかもしれない。児童虐待のケースの診断と虐待の発生要因についてのアセスメントは、DSM－5のような操作的な診断基準で診断を下すこととは、別次元の難しさがある。多くの専門家は、親と子どもの両方に生じているだろう様々な力と環境とが結び合わされた結果として児童虐待は起こると信じている。(1) 精神科医自身が児童虐待についての知識と経験が不足しているなら、他の機関や専門家との連携は必須である。厚生労働省が発行している「子ども虐待対応の手引き」(2) はウェブ上でPDFファイルとして入手でき、虐待への対応についての基本的な知識が得られる。親を繋ぎ止めるために、最優先ではないと判断した治療をあえて提案することもあるかもしれない。

児童虐待をしていると思われる人が患者として精神科を受診することもあるし、受診している人が児童虐待をしていることがわかることもある。このような場合も、児童相談所等との連携が大切であるが、守秘義務を破ることで治療関係が壊れるリスクもあり、治療が中断すれば、虐待のリスクは高まることもあるので、慎重な対応が求められる。そして、患者と主治医の間の治療関係がどのくらいしっかりしているかも考慮しながら対応を考える必要がある。もっとも、医師にも児童虐待について通告する義務があり、何らかの形で児童相談所や子ども家庭支援センターへの連絡はとらなければならない。主治医として、虐待をしている患者の側の利益を考えることは大切だが、虐待を受けている子どもの利益を優先することが原則である。ネグレクトの場合に、子どもを保護するとその子どもの存在に支えられていた親の精神状態が悪化することが予想されるなら、親の入院治療や親へのヘルパーや訪問看護師の派遣などの支援を考える必要がある。

応用対応例としては、児童青年精神医学専門の経験を積んだ医師が、より積極的に児童虐待事例に対応する時の一つの例を挙げた。こうした対応には正解というものはなく、臨機応変に考える柔軟性と一貫した見立て（診断やアセスメント）の両方が求められる。虐待事例の見立てに関しては、文献[1,3,4]を参照していただきたい。例に示したような専門家としての動きが可能になるには、数年間、経験を積んだ医療や福祉の専門家によるスーパービジョンやコンサルテーションを受けながら児童精神科医療を実践する必要がある。いずれにしても地域の様々な機関と連絡をとり、役割分担をしながら、事例にかかわることが大切である。

文　献

（1）Joshi, P. T., Daniolos, P. T. and Salpekar, J. A.：Physical Abuse of Children.In:（eds.）, Wiener, J. M. and Dulcan, M. K. Textbook of Child and Adolescent Psychiatry. The American Psychiatric Publishing,

Washington, D.C., 2003.（斉藤万比古、生地新監訳：児童青年精神医学大事典（第四五章　児童の身体的虐待）．西村書店、東京、二〇一二）
（2）厚生労働省雇用均等・児童家庭局：子ども虐待対応の手引き（平成二一年三月三一日改正版）．二〇〇九．（http://www.mhlw.go.jp/bunya/kodomo/dv36/）
（3）生地新：児童養護施設におけるメンタルケアの現状．小野善郎編：子どもの福祉とメンタルヘルス．明石書店、東京、一五〇―一七四頁、二〇〇六．
（4）生地新：児童養護施設における入所児童の思春期と乳幼児体験――精神医学的コンサルテーションと心理療法スーパービジョンの経験から．思春期青年期精神医学、十九巻：十三―二三頁、二〇〇九．

12　終わりの見えない戦いの中での希望について

私自身は、児童養護施設の中でサイコセラピーを自分で施行した経験はないが、この十五年間、複数の施設を訪問してコンサルテーションする仕事を続けている。それとは別に児童養護施設に勤務する複数のセラピストに個人的なスーパービジョンやコンサルテーションを行ってきた。そこでは、想像を絶するような過酷な体験をしてきた子どもたちがたくさん生活をしていて、その事実に私自身も立ちすくんでしまうことがあった。施設によって、運営や生活ケアのあり方は様々で、サイコセラピーについての理解も違いがある。理不尽なことが今も放置されている場合もある。セラピストとして仕事をしている人たちの中には、孤軍奮闘を強いられているように感じ、自分自身が迫害的な不安に脅かされることも少なくはない。自らが傷ついて退職される方もいるだろう。それでも、児童福祉の領域で仕事をする子どもの臨床家は、過酷な環境を生き抜いてきた子どもたちと、それを支える職員たち、そして子どもたちの家族を支援する努力をやめるわけにはいかない。しかし、私たちの努力を少しでも実りのあるものにするためには、確かな設定と知識、洗練された技術と自分を支える仲間や指導者が必要である。

横山隆行氏の研修症例の報告[1]は、児童養護施設における精神分析的サイコセラピーの難しさと有用性の両方を鮮やかに描き出しているものであった。セラピーの設定のしかた、遊戯法の設定などについては、まっとうな指導を受けておられて、特に私から助言をする必要がなく、論述の質も高くて、考察の内容を深めれば、一般演題で発表してもよいと思われるものであった。そういうわけで、私の「助言」は、助言というよりも指定討論のようなものと考えていただきたいと思う。

横山氏がセラピーを報告した小学生の男児の乳幼児期の体験は、児童養護施設に措置されている子どもたちの中でも、特別に過酷なものと言えるだろう。自閉症（自閉性障害）は、先天的な脳の機能の障害によって起こるという認識が現在の精神医学の世界の定説である。この男児のような過酷な体験をした場合に、自閉症に近い症状や行動を示し、自閉症水準の不安を体験していることについて、精神医学の世界では十分に理解されていない。一般の精神医学には、反応性愛着障害や外傷後ストレス障害などの乏しい枠組みしか存在せず、彼らの苦しみを理解する枠組みが不足しているからである。認知行動療法に基づく子どものサイコセラピーもこの水準の問題には、なかなかアクセスできていないと私は考える。精神分析や精神分析的なサイコセラピーは、この領域にアクセスし得る数少ない方法だが、まだ私たちは謙虚に経験を積み、理解を深め、技術を磨く必要があるだろう。その意味でも、横山氏の報告に、学ぶことがたくさんあると私は感じた。しかし、当日の助言を正確には記憶していないということもあり、横山氏から得た情報を参照しながら、この報告について私が感じたことや考えたことを以下に述べたい。

学会当日は、私は、児童養護施設の現状について触れた。二一世紀に入る頃から、日本の児童養護施設の中で働く心理療法担当職員の人数は急速に増え、私たちは多くの経験を積んできたことや、様々な深刻な病理を抱えた子どもたちに対して、生活の場でサイコセラピーを行うことに特有の難しさがあることについて話したかもしれない。児童養護施設で行われているセラピーの質や方法は多様だが、横山氏のセラピーは、週一回五〇分（後に週二回に変更）で、個別に玩具を用意するメラニー・クラインの遊戯技法に基づくものであり、個人スーパービジョンをきちんと受けて行われていることがうかがわれた。このような設定を受け入れてもらうためには、施設の側の十分な理解が不可欠である。理解を得ることができているのは、横山氏、あるいは前任者や同僚、さらにはスーパーバイザーの努力の積み重ねがあったのであろうし、施設長や職員の方々の努力や理解もあってのことであろう。すでに述べたが、多くの施設で、セラピーを設定する段階で苦労する心理療法担当職員は多いのである。しかし、こちら側の専門性を振りかざして主張しても、多くの場合、実りは少ない。この施設では、心理療法担当者と職員たちとの間の地道な日常のコミュニケーションが上手に行われているのだろうと考える。

さて、当日、発表を聞いていた時には、私は、横山氏の転移解釈の言葉が少し難しく、論理的すぎるように感じたので、そのことを指摘した。その時、セラピストが感じ取った情緒を中心に、「うれしいね」「すごく怖いね」といった言葉を使うことも大切ではないかという意見を述べた。ただ、論文を改めて「読む」とその印象は、強くは感じなかった。文字で読むのと発表を聞くのとでは違いがあるのかもしれない。転移解釈の場合には、正確にこちらの理解を伝えることも大切なので、それが論理的過ぎると感じたのかもしれない。ただ、情緒を短い言葉ですくい取って与えるようなやり取りも大切だと私は考えている。

　次に、私が指摘したのは、父親との面会の影響のことであった。父親との面会そのものは、横山氏が介入できない領域のことではあるが、この男児にとって、それは激しい恐怖をもたらし、それまでの施設でのケアやセラピーの効果を一時的には吹き飛ばしてしまうほどのものだったことが想像される。父親は何度も強引にこの男児を自分のもとに引き取り、暴力やネグレクトが日常的な不安定な環境にさらし続けた人であり、子どもにとっての父親という存在の大切さを考慮しても、出所したその月に父親の面会を許容することは、明らかな誤りだったと私は考える。このことの責任は、横山氏にはないが、そのインパクトについては十分に考察する必要があると私は思う。心理療法担当職員は、生活ケアの職員、施設長、ファミリー・ソーシャル・ワーカーと日常的に情報を交換し、事例についての理解をわかりやすく伝え、時にはこのような面会に強く反対するような能動性も必要である。

　さらに、セラピーの頻度を一回から二回に増やすという治療構造（設定）の変更ということも振り返る必要があると私は考える。私は、この時期には、頻度を増やすよりも、セラピーの設定を守り続けることと、セラピストをよい父親的な対象として期待する気持ちと暴力的で当てにならない迫害的な対象として怖れる気持ちの両方について、解釈のかたちで触れ続けることが大切だろうと考える。そして、この男児にとって、プレイルームは、暴力的な父親がこの男児を連れ回した「車」のように感じられたであろうという想像力が求められるところである。私たちは、このような局面でできることは、セラピストとして生き残ることを目指すこと、男児の攻撃のどこかに遊びや象徴化につながる余地がないかを吟味することで精一杯であろう。この男児が、担当職員と一緒に別棟で心理療法をするという提案に対して、プレイルームにお気に入りの男性職員と一緒に来ることを選択したことに、私はこの男児のセラピーへの希望を見る。

助言では触れなかったが、私は、自閉症水準の不安を示していたという第一期について、象徴を使うことが意味を持つ世界にこの男児を招き入れるための貴重な容器と時間を提供した時期であり、そこで生き続けた横山氏の苦労を思うと、私たちは、この時期にこそ多くのことを学ぶ必要があると思う。男児との交流が感じられない中で、そこにわずかな意味を感じ取りながら居続けるためは、おそらく的確なスーパービジョンが不可欠だっただろうと考える。しかし、そこで得た成果の上に、私たちは終わりの見えない病理的な領域との戦いに招き入れられるのである。自己愛的で病理的な世界は、長期間の虐待やネグレクトを生き延びるために生じた必要悪のようなものであるが、その執拗さや発達を妨げる力は非常に強く、「戦い」という比喩が適切かどうかは検討が必要だが、「消耗戦」を強いられる事態であり、もし、この戦いを抜け出すことができたなら、この男児はさらに前に進むことができるだろう。そのためにも、セラピーを続けることと、父親との面会などについての慎重な対応とが望まれるところである。横山氏がさらにこうしたケースの経験を積み、その成果をまたこの学会で一般演題の枠で報告されることを楽しみにして待ちたいと思う。

文　献

（1）横山隆行：被害的な思考を強めていった男児との心理療法過程．精神分析研究、五八巻三号：二九八—三〇二頁、二〇一四．

13　入れ子細工の苦しみの中で生きる意味を見いだすこと

フロイトは無意識を重視したが、無意識を最初に発見した人ではない。「転移という現象が精神分析治療に利用できる」という発見は、フロイトのものである。そして、メラニー・クラインは、「三歳の幼児においても転移を治療に利用できる」ということを発見した。そして、子どもの精神分析の実践は、おどろくべき乳幼児の心の世界の理解を私たちにもたらした。子どもは、残酷でずるくて好色で倒錯的であり、子どもの心の中には、嫉みや憎しみやうぬぼれが渦巻いている。しかし、子どもは、必死に生きる希望を見つけようとしているし、自分を理解し見守る人を求め続けている。

児童養護施設に広く心理療法担当者が配置され始めたのは、二一世紀の始め頃である。日本の児童養護施設の中での生活の様子やケアのあり方は、今世紀に入ってから大きく変化したが、まだ処遇の上で多くの課題がある。児童養護施設での心理療法の多くは、施設という箱の中に設定された遊戯療法室や相談室の中で行われる。そして、それらの部屋という箱の中で、遊びという枠組み（箱）が設定されて、そこで様々の物語と多様な遊びが展開する。一つ一つの物語や遊びの中では、その心理療法の全体が反映しており、心理療法過程には、その子どもの内的な世界が反映され、そしてその内的世界には、その子どもの施設内での生活と人生体験や生命活動が反映されている。そんな風に複雑でありダイナミックに動き続ける入れ子細工の構造の中で、子どもたちは苦しくつらい体験をするし、私たちはその体験をしている子どもたちを支える仕事をしなければならない。心理療法家が児童養護施設で臨床活動を展開する場合に、二つの異なったスタンスがあるように思う。一つは、生活の中に積極的に入り、子どもの心の発達や愛着や心的外傷、あるいは集団の心の動きなどについての心理学的知識を活用しながら、子どもへの対応を職員と一緒に工夫したり、職員に対処方法を提案したりするスタンスである。もう一つは、子どもの生活にはなるべく関わらず、心理療法室の中だけで子どもに会い、個別の心理療法の設定を大切にして、その心理療法で知見を生かして職員へのコンサルテーションを行って職員を支えるというスタンスである。綱島氏が取っているのは、後者の立場である。通常の心理療法の方法を施設の中に持ち込むこのようなやり方は、児童福祉の業界では必ずしも評判はよくない。福祉の世界は、クライエントの実生活に深く巻き込まれながら、何かを成し遂げることを尊ぶ傾向が強いからである。しかし、すでに述べたような複雑な入れ子細工の構造の中で、巻き込まれながら、心理療法の仕事を行うことは多分とても難しいことであり、あえて、こうした堅い設定を維持することが、多くの場合に賢明なのではないかと私は考えている。綱島氏は、週一回ではあるが、メラニー・クラインの方法に準拠した設定で、小学校中学年の男児にプレイ・セラピーを行っている。

さて、症例についてである。Aの生育歴と施設での生活の概要を聞いただけでも、私たちは悲しみや苦しさで胸が痛くなるような感覚に襲われる。しかし、Aの生育歴や生活状況は、児童福祉施設では、最悪とは言えないものである。不適切な養育状況では、子どもの感情の動きや欲求を理解し、意味のあるものに変換し、人との交流の世界に導いて行くような親と家庭の機能が損なわれている。そのような中で育った子どもの心を生活ケアだけで修復することは難しく、その子どもの心の細かな動きや全体の動きを把握し、その理解を言語化するような構造化された精神分析的心理療法が行われることが、子どもにとって大きな支えになると私は考える。綱島氏がしているのは、まさにそのような心理療法である。

綱島庸祐氏の心理療法は[1]、基本ができていて、スーパービジョンもきちんとなされていると思う。その中で、あえて言うなら、解釈のしかたがやや一面的かもしれないと思った。解釈する際に、彼の一部分、特に陰性感情の部分にだけ焦点を当てるのではなく、陽性の感情を含む両価的な感情や心理療法の状況全体に言及した方が良いと感じた。例えば、「セラピストとのセッションを大切だと思っている気持ち」と「大切だからこそ、悪くならないうちに自ら終わらせてしまおうと思っている気持ち」の両方を含みこんだ解釈が、より受け取りやすいものになる可能性が高いのである。また、私は、セラピストにセラピーを受けている他の子どもへの羨望について、取り上げることがあってもよかったかもしれないと感じた。児童養護施設では、対象となる子ども同士が自由に話をできる環境にあり、他の子どもがしていることを知っている可能性が高いので、転移解釈の中で他の子どもへの気持ちにも触れる必要があると私は考えている。Ａのように同胞の中で自分だけが施設に預けられている場合には、なおさらセラピーを受けている他の子どもについてのその子の気持ちを含む解釈は有用と思われる。

Ａの心理療法は、前思春期になって、「スポーツに全力を注ぎたい」と感じるようになり、セラピーを終わりにしたいという気持ちが強まり、結果的に終了している。本人が喜びをもって活動をしている活動の背後に治療と取り組むことから逃れたい気持ちがあるという否定的な側面をとりあげるということは難しいと私も思う。しかし、心理療法のつらさ、苦しさを、もう少し共有して、終わるということはできたかもしれない。もう一つ言うなら、心理療法の終わりが見えたその中だからこそ、本人がセラピストに自分の気持ちをぶつけてこられることもあるだろう。

Ａの中には、最初から「必ず別れがくる」という確信がある。つまり、彼は、常に別れを予期し、「どのように別れを迎えるかということ」を考えているのである。そのような中、人に捨てられるよりも、自ら捨てた方が傷つきのダメージは軽いという判断に基づき、終結という選択肢が選びとられた可能性は高い。また、心理療法の最後に、振り返りを行う際に、「引き止める」というセラピストのスタンスを明確にしているが、「私は、今も引き留めたい気持ちがあるけれど、あなたには別れについての恐れと傷つきがあり、そのことがあるから、思い切って自分で心理療法を終わるという選択をしたのだろうと思う。今は、それを尊重したい。しかし、その選択をした場合に、今後、あなたの中で自分の中のつらい感情を見ないようにして閉じ込めてしまうことが心配である」というような趣旨の伝え方が、良かったかもしれない。このように全体の状況を含みこんだ理解を伝えた方が、引き留められたのに振り切ってセラピーを飛び出して、セラピストを傷つけてしまったという感覚が薄れるからである。

入れ子構造の中での苦しみということを最初に指摘したが、その苦しみから抜け出すためは、今、ここでの自分の心の様々な動きの全体を理解してもらう体験が必要であり、精神分析的心理療法はそのような体験を提供できる優れた治療だと私は考えている。そうした全体の動きに触れた解釈を心がけることは、逆転移による視野狭窄やクライエントとの共謀を防ぐことにもつながるものである。つまり、そのような包括的な解釈は、自分の逆転移を感じ取り、その逆転移がクライエントの内的な世界と連動しているという理解を得て、その理解を包含した解釈を組み立てるという私たちの側の内的作業が前提になるからである。

立場上、「助言」をしたけれども、私にとっても綱島氏のセラピーに学ぶことが多く、私自身の今後の児童養護施設での仕事にも有用な示唆を得たと考えている。綱島氏の今後の活躍とそこで得た知見をさらに公表されることを期待している。

文　献

（1）綱島庸祐：人生早期から分離体験を繰り返した男児との心理療法過程．精神分析研究、五九巻一号：一〇七―一一二頁、二〇一五．

付録　ＥＢＭと症例研究

14　医学研究における数的研究と症例研究の相補的関係

Ⅰ　多数のケースを統計学的に扱う研究の有用性と限界

現代医学においては、公衆衛生学領域はもちろんのこと、臨床医学領域でも、多数の対象について統計学的な検討を加えた研究が重視されている。Evidence Based Medicine の思想の浸透やパーソナル・コンピュータや統計解析用のソフトウェア・パッケージの急速な進歩と普及によって、この傾向は強まってきていると思われる。無作為に割り付けられた介入群と対照群の比較研究（ＲＣＴ）や交絡因子を調整した多変量解析を用いた研究でなければ、impact factor が高い雑誌には、なかなか掲載されないという状況である。なるほど、ＲＣＴから導き出された「新しい薬物や治療法が従来のものと同等かそれ以上に有望らしい」という情報は、一般臨床医がその薬物やその治療法を試してみようと考える時に有用な情報と言えるだろう。多数の人を対象とした研究の成果が広く一般医にも行き渡ることによって、一握りの権威者の意見が根拠もないままにまかり通るという可能性を減らせるという点でも大きな意味がある。多数の対象者についての研究で得られたrisk factorや介入の効果判定についての情報は、意味のある疾病予防活動を行うために不可欠な情報であろう。

しかし、例えば、新しい薬物や治療法を使用した時の症状や病状の変化のプロセスや副作用の出現のしかたについての情報や「その薬物や治療法が、どのような特徴を持った症例において効果が出やすいか」についての情報は、臨床上有用なのであるが、RCTの研究データから得られることは少ないかもしれない。RCTから私たちが得られるのは、多数のケースのでこぼこをならした情報だからである。私たちが臨床で出会う症例は、いつも診断基準に合致して典型的なものとは限らないし、併存症も様々である。病気が進行してゆく過程のどの時点でその患者に出会うのかも症例によって違う。つまり個々の症例には、個性的なでこぼこがある。医療の現場では、そのような個性的なでこぼこを持った症例に日々遭遇し、それぞれの個人の体質や遺伝的な要因、環境要因、心理社会的要因、経済的要因など、リアルタイムに多様な情報を処理しながら、最善と思われる決定を迫られるのである。あるいは、公衆衛生活動をそれぞれの国や地域で展開する時にも、それぞれの現場の文化特性、経済状況、現時点の医療に関する人的および物質的資源、疾病の分布、地形、気候によって、私たちは戦略を修正しなければならない。そのような個別の事情やローカルな状況を考慮しながら情報を総合して必要な決定をして行くことは、臨床医や公衆衛生活動をする専門家にとって大切なことである。この際に、個別の症例報告やある地域の実践報告は、私たちに貴重な示唆を与えてくれることが多いと著者は思っている。著者が若い頃、なかなか診断がつかない症例や治療に反応しない症例の治療に取り組んでいた時に、著者を助けてくれたのは、先輩の助言やよく似た症例の報告であった。あるいは、医学部時代や研修中に見聞きした症例との類似点を思い出したことが突破口になることもあった。多くの症例を集めた統計学的解析に基づく論文を読んで、参考になったという記憶が著者にはあまりないのである。臨床実践や地域活動の実践におけるケースの報告は、今、現実にケースを扱っている人にとって、多数のケースについて統計学的に解析した研究とは別の価値があると著者は思う。

著者の師匠の一人である精神分析家で精神科医であった土居健郎が書いた(1)『方法としての面接』という今でもよく売れている本がある。医学書院から出ている小冊子であるが、精神科面接の中でストーリを読むことや感情移入の大切さが説かれている。この本は、古くからある「見立て」という言葉に新しい意味を吹き込み復活させた本でもあった。この本には、本講演よりも役立つことがぎっしり詰め込まれている。その本の末尾に、「臨床的研究の方法論」という小論が付録のように収められている。その小論は、Alvan R. Feinstein という疫学者の Clinical Judgment という本を紹介しながら、医師の臨床の体験に基づいた臨床研究の必要性について論じている。Feinstein は、診察にあたった医師の感覚自体を正確に記述する必要性を説いている。ただ、土居も、それではどのような研究をすることが真の臨床研究になるのかについて、それほど明確に述べていないようにも思われる。著者は、医療関係者と患者や家族との関わりの歴史を記述した徹底した症例研究こそ、臨床研究のもっとも重要な方法論の一つと考えている。公衆衛生学の研究においても、地域保健活動の個人や個別の地域についての報告が同じように重要と考える。これに発展の著しい質的研究法も加えてもいいだろう。統計学的研究も症例研究や質的研究とダイナミックに連携してこそ、その意義を発揮するだろう。このような考え方について、これからもう少し詳しく述べて行きたい。

Ⅱ　医療現場や地域における文脈・歴史性や全体状況の把握の重要性

Hubert L. Dreyfus と Stuart L. Dreyfus[2]は、Mind over Machine（邦題：純粋人工知能批判）という著作の中で、専門家が、個々の状況の中に没入して、様々な情報を総合したり選り分けたりしながら、的確と思われる判断を下していくプロセスについて詳しく論じている。この本は、アスキー出版というコンピュータ関係の書物を出している会社が出版したものである。Dreyfus 兄弟は、表1から表5に示したように、技能習得の五段階を明らかにしている。最初のビギナー段階では、文脈不要の特徴を識別し、その特徴に合わせた文脈不要の対処方法について学ぶ。熱が上がった時は脱水がないかを確認するとか、高熱で苦しんでいる患者には物理的なクーリングを行うというようなルーティンの対処方法に関する知識を積み上げていくのである。しかし、こうした文脈不要の知識をいくら積み上げても、医療をはじめ実際の現場の複雑な状況に対処するには非力である。経験を積む中で、徐々に文脈や全体像を読み取ることが可能になり、的確で有効な対処方法の選択が可能になっていく。上級者は、個々の事実を一つの状況としてまとまって捉えることができるようになり、目的を意識できるようになる。最後のエキスパート段階では、経験に裏打ちされた円熟した理解力に基づいて直感的に判断して、刻々と変化する状況に対処する。いわば、状況に没入して、判断を下しているのだというのである。エキスパート段階では、ビギナーから中級者には大切だった個別のルーティンはあまり意識されないし、全体状況の流れを感じ取りながら、ルーティンと矛盾することを選択する場合もあ

表１　技能獲得の五段階　第一段階：ビギナー

- 指導を受けて新しい技能を習得する最初の段階
- その分野における様々の事実や特徴の識別を学ぶ
- その事実や特徴に基づいて、どう行動すべきかを判断するための規則を学ぶ
- 対処すべき状況の諸要素は単純化した形で教えられる
- つまり文脈不要の規則を覚えて行く段階である

　例：血圧・体温を測る→高血圧・高体温への対処

文献 2）の記述に基づいて著者が作成

表２　技能獲得の五段階　第二段階：中級者

- 文脈不要の規則をかなり習得している
- しかし、文脈不要の要素として規定できないが、それぞれの状況では確かに意味を持つ様々の要素に出会う
- つまり状況に依存する要素・規則の存在を認識できる
- 経験を積む中で前例との類似性の認識に基づいて判断ができるようになる

　例：肺水腫と肺炎の呼吸音を聞き分ける→異なる看護処置を行う

文献 2）の記述に基づいて著者が作成

表３　技能獲得の五段階　第三段階：上級者

- 文脈不要の規則と状況依存の規則を数多く習得している
- しかし、様々の規則や要素に圧倒されて、どれが重要かも見分けにくくなる
- 段階的に意志決定をして、間題に対処することを学ぶ
- 状況を事実の集まりとして認識できるようになり、計画を立てることができるようになる

　例：機械的に順番に患者の処置を行うのではなく、どの患者の緊急性が高いかを判断して看護の仕事の手順を計画できる

文献 2）の記述に基づいて著者が作成

表4　技能獲得の五段階　第四段階：プロ

・作業をかなり主観的に捉え、最近の経験に応じて特定の視点から物事を判断するようになる
・特定の視点を取ることによって、状況を構成する要素のいずれかが際立ち、それ以外の要素は背景に退く
・過去の似たような体験に基づいて、過去に成功したのと同じような計画が浮かぶ
・「直観」や「こつ」に基づいて判断し行動する
例：意識的に計画しなくても、看護師が患者に症状や退院後の注意点を話してよい精神状態にあることに気づく→ 話をしながらも言い回しは慎重に意識的に選ぶ

文献 2）の記述に基づいて著者が作成

表5　技能獲得の五段階　第五段階：エキスパート

・経験に裏打ちされた円熟した理解力によって、何をすべきかが判断できるようになる
・刻々と変わる状況に対処することに没頭し、問題を客観的に見て解決しようとは思わない
・技能がからだの一部のように身についている
・物事が順調に進まない時だけ、推論したり意志決定を意識する
例：看護師が、患者の病状が今にも悪化しそうだと感じ取って医師に対応策を促すその理由は説明できない

文献 2）の記述に基づいて著者が作成

る。ある技能に熟達した人に、どうしてその選択をしたのかを聞いても、説明できる時もあるが、できないことも多い。それは、「何となくそうした」「カンだよ」などと説明されるかもしれない。熟練したドライバーは、車の運転をしている時に、一つ一つのことは意識せずに、周囲の車の流れを感じ取りながら、時間帯、曜日、天気などもどこかで念頭におきながらも、雑談をしたり、目的地のことを考えたりしている。このように熟練した技能は、そもそも単なる知識の集合体ではなく、そのプロセスでの判断もすべてを意識しているわけではないだろう。このような技術の習得のプロセスは、数量化によって解明しつくせない領域なのである。

　ここで、数量化した研究と症例研究の違いに関連するたとえ話をしたい。自校給食を行っている自治体で学校給食の味の向上に向けた栄養士の研修の効果を見るためには、どうしたらよいだろう。その研修プログラムを受けた栄養士のいる複数の学校と研修を受けていない学校の給食の味について、給食を食べている教師や子どもたちを無作為に抽出して質問紙調査を行って分散分析等で有意な差があるかを検討するとよいかもしれない。しかし、あるシェフの腕が確かかを確かめるためには、普通はこのような統計学的な方法をとらなくても良いだろう。そのジャンルの料理をよく食べている人が、何人かでそのシェフの店に行って食べてみるのが一番である。多くの場合、一～二回店に行けばそのシェフの力はわかるものである。この判断は、根拠がないだろうか？　「おいしいものはおいしい」「すばらしい接客はすばらしい」と言ってもそれほどおかしなことではない。熟練したシェフの技能を判断するのは、ある程度、レストランでの食事の経験を積んだ人にとっては、それほど難しいことではないだろう。もちろん、味の好みや体調、シェフの体調、値段など様々な要素が影響するが、このような分野では味のわからない人を含めた多数の人の調査で統計学的な比較を行うことはあまり意味がない。むしろ、そのシェフの仕事のしかたについて、シェフに語ってもらうことが参考になるし、しばらく弟子入りして一緒に仕事をさせてもらえば、もっといろいろなことがわかるだろう。

　Dreyfus 兄弟の比較的古い著作を持ち出したのは、この著作で提示された専門的な技術の習得のプロセスを考えると症例報告の重要性が浮かび上がると考えたからである。文脈や全体状況を考慮した専門的対処方法を学んでいく時に、先輩の指導を受けながら仕事の経験を積み重ねていく必要があるが、その際には、自分自身の経験に加えて、他の専門家の症例報告が非常に参考になるものである。もちろん、エキスパートにとっても、多数の対象者についての統計学的な検討結果が不要なわけではない。

さて、私たちが個々の症例に対応する時に、単純に個性の違いを考慮すればよいのではなく、歴史性も重要な要素である。既往歴や病歴、家族歴という医学的な意味での歴史のほかに、そもそもその人がどのような場所でどのような家庭で生まれたのか、どのような生活のしかたをしてきたのかも知ることが臨床上は大切な場合がある。生活習慣病や心身症的な色合いの濃い疾患、あるいは精神疾患では、このことは特に重要だと思われる。同じような症状があっても、その人の歴史を考慮すると、診断や治療のあり方が違ってくることさえある。著者の専門領域で言うと、「五歳の子どもが赤ちゃんのような行動を取るようになり毎晩夜尿をするようになった」としても、それが同胞の出生の後なのか、非常に怖い体験をした後なのか、あるいは児童虐待のために児童養護施設に保護された後なのかによって、少なくともその現象の理解は異なることが多い。同胞の出生の後なら、その子どもが同胞の出生によって親の愛情が奪われることに不安を感じて、もう一度赤ん坊に戻りたいと考えているかもしれない。その場合、親がその子の気持ちを考えて、母親が一対一でその子と過ごす時間を作るか、母親以外の大人がその子と過ごす時間を増やすというような対処がよいかもしれない。非常に怖い体験をした後なら、外傷後ストレス障害ＰＴＳＤのような病状がその子にないか確認する必要があるだろう。もしＰＴＳＤなら、薬物療法やトラウマの影響を軽減する心理療法の他に、意味のよくわからない怖い体験を意味のある体験として自分の人生の中に位置づけられるように手助けする必要があるかもしれない。児童養護施設に入った子どもには、もっと総合的な心理ケアや親との関係の修復へ向けた支援が必要になるだろう。土居健郎は、臨床家の面接のプロセスでストーリを読むことの大切さを論じた。彼は、臨床家が面接を通じて病気の成り立ちや意味を理解し、その対処方法を考えて、それを患者や家族に伝えることを、古くから使われている日本語である「見立て」という言葉で説明した。まさに医師の「見立て」は、歴史を読み取り、これからの未来を予想するという文脈を大切にした作業と言える。もっとも、最近の一部の医師たちのように、検査を偏重して歴史を無視した臨床では、血の通った見立てはできないだろう。

このように、歴史を考慮することは、現実の医療現場では大切なことであるが、それぞれの特殊な歴史ごとに多数例の研究によるエビデンスを積み上げることは実際的ではない。このような時には、私たちは、多くの臨床経験、あるいは多くの現場で仕事をしてきた専門家に相談することが多いだろう。あるいは、症例報告や実践報告の論文や著作を検索することで私たちはよく似た症例についての詳細な経過を知り、参考にすることができる。私たちは、よく似た症例から様々なヒントをもらうものである。よく似た症例での対応通りやったからうまくいくとは限らないが、自分の体験に参照すべき症例がない時には、他の人の詳細な症例報告が役立つのである。歴史の流れを理解することや二つのケースがよく似ているという判断を下すことは、たぶん、人間の脳が得意な情報処理である。ここで、さらに付け加えると、よく似た経過の症例を並べて、少数だけ違う結末になっている症例があれば、それも貴重なデータである。同じ井戸の水を飲んだのに、ある経口感染症にかからなかった人についての情報は、同じ井戸の水を飲んで多数の人がその感染症にかかったという情報と同じくらい重要である。多数の人が同じ経口感染症に罹患した情報を把握したら、疫学調査や井戸水の調査をすることが大切である。しかし、井戸水を飲んだのに例外的にその感染症にかからなかった人がいたら、それぞれの個人に井戸水の利用のしかたや料理のしかた、さらには流行した時期の生活のしかた、既往歴などを詳しく聞く必要があるだろう。優秀な症例報告には、他の専門家が参照できる貴重な歴史的あるいは個別的な情報が含まれていることが多いと考えられる。

Ⅲ　症例報告の存在意義

症例報告は、それぞれ個性的なでこぼこを持つ症例（狭い意味の症例でもよいし、「地域の現場」というケースでもよい）について、医療側（あるいは公衆衛生活動をする側）と支援や介入を受ける側（患者や地域）の間の経時的な相互作用のプロセスを記述しているならば、非常に役立つ情報を提供することになると著者は考える。その場合、個性、歴史性、相互作用のプロセスがキーワードになるだろう。そして、複数の症例報告をさらにまとめあげる方法として、グラウンデッド・セオリーやKJ法などのいわゆる質的な研究方法は一定の有用性を持つと思われる。ただし、著者が例に挙げた二つの方法を含めて、多くの質的研究が、偏見や先入観を排除してデータにあたることを推奨しているが、エキスパートの経験に基づく「勘」（経験知）を大切にした質的研究があってよいのではないかと著者は考えている。

優秀な症例報告でも伝えにくい情報は、非言語情報や手続き記憶に関する情報である。このような情報を得るためには、今のところ、徒弟制度の中でリアルタイムの経験を共有することが、最も良い方法だろうと著者は考えている。もちろん、先輩と後輩が自由に議論できる民主的な土壌が前提になると思うが、徒弟制度は、今でももっとも有効な技能の伝達手段である。もっとも、徒弟制度は大切であるが、個々の症例（ケース）の詳細な記述によって、ある程度の非言語情報や手続き記憶を伝えることは可能とも言える。だから、症例の経過の比較的詳細な情報が必要なのである。

このように考えてみると、統計学的方法にせよ、質的な研究方法にせよ、多数のケースの情報をまとめあげる方法を用いた研究成果と個別の詳細な症例報告とは、そもそも伝える情報の質が違っており、医学研究や医学教育において相補的な関係にあることがわかって来る。このことを忘れないことが大切である。

多数の対象についての統計学に裏付けられた医学研究と症例報告やケース検討と徒弟制度は、医学や公衆衛生学の豊かな知識と技術を伝え、向上させていくために、どれも欠くことができないものだと考えられる。医学の世界では、多数例の研究に基づく情報と症例報告を通じた学習と徒弟制度の下での実地の経験の三つが揃って始めて、専門家は、科学的で効果的な介入ができるエキスパートになると考えられる。最近、症例報告の存在価値が低下しているようにみえることに著者は危機感を覚えている。今回のシンポジウムは、その意味で心強いし、一つの始まりだと著者は信じている。

ま と め

現代の医学や公衆衛生学においては、多数の対象から得たデータについて、統計学的に検討した研究が重んじられる。近年、症例研究の大切さが忘れられているように思われる。しかし、多数例についての研究では、個々の症例のでこぼこはならされて、個々の症例の背景になる歴史や疾患の経過や治療のプロセスに関して詳細な情報は得られない。症例研究は、臨床実践や地域における公衆衛生活動をするものにとって、有用な情報を提供する。多数例による研究と症例報告は、相補的な関係にあり、どちらも欠くことはできない。しかし、それぞれの専門家が経験を通じて獲得していく専門的技能は、症例研究にも十分には記載されていないことが多い。こうした専門的技能は、徒弟制度の中で熟練者と一緒に仕事をすることによってしか獲得できないと著者は考える。医学の世界では、多数例の研究に基づく情報と症例報告を通じた学習と徒弟制度の下での実地の経験の三つが揃って始めて、科学的で効果的な介入ができるようになると考えられる。

文　献

（1）土居健郎：方法としての面接——臨床家のために．医学書院、東京、一九七七．
（2）Dreyfus, H. L., Dreyfus, S. E.: Mind over Machine：The Power of Human Intuition and Expertise in the Era Of the Computer. New York: The Free Press A Division of Macmillan, Inc., 1986.（椋田直子訳：純粋人口知能批判．アスキー出版、東京、一九八七．）

後書き

自分の書いた文章を本として編み上げるという仕事をしたのは、これが初めてである。児童福祉に関する仕事を四半世紀続けてきて学んだことや考えたこと、気づいたことがたくさんあると私は思っていた。でも、書いてみると、その文字数は一冊の本にするには足りないものだった。ケースについての記述は、プライバシー保護などの人権への配慮や児童福祉行政のルールもあり、プライバシーが漏れない形や架空のケースの形にして、量も最低限に留めた。そこで、本書には、過去に書いた児童福祉の分野に関係する論文も収めることにした。過去の論文に加えて、日本精神分析学会での児童福祉施設での心理療法症例（研修症例）のコメントも載せたのは、私のケースへの助言やスーパービジョンの雰囲気が少しでも伝わる気がしたからである。コメントだけだと、ケースの概要がわからないので、良くわからないと感じられた場合は、もとの論文にあたっていただく必要があるだろう。読み返してみると、本書には内容の反復や重複があり、矛盾もあるが、それはご容赦いただきたい。内容の矛盾があるのは、児童福祉施設でのコンサルテーションや個人スーパービジョンの経験を積み重ねる中で、私の考え方が変化してきたということも関係している。今の私は、児童福祉施設での子どもの心理療法の場合、子どもたちがセラピストへ向けている気持ちがわかったら言葉にすること、つまり転移解釈が重要だと思っているが、十年前には転移解釈は控えめにするのがよいと思っていた。

心理療法の位置づけも、補助的なものというよりは、心理ケアの要だと思うようになった。心理療法と生活ケアがうまく連動するようになるためには、心理療法で理解できたことを生活ケアの職員にも理解していただく必要があるし、心理療法担当者は生活ケアでの出来事を知る必要もある。その中で、子どもの心の病理を手当てし、心の成長を支える文化が施設の中に根付くことを私は経験してきた。

この本が、読んで下さった皆様にとって、自分のケアする子どもやその家族との関わりにおいて、今までと違う視点で考え、新しいアイディアを思いつくきっかけになるなら幸いである。

最後に、これまで長期にわたり関わってきた児童養護施設「山形学園」、児童養護施設「東京家庭学校」、それに児童養護施設「くずはの森」の施設長・理事長及び職員の皆様、そして、それらの施設でケアを受けている子どもたちに、深く感謝申し上げます。また、貴重な学習の機会を提供してくださった山梨県中央児童相談所、山梨県都留児童相談所、山形県中央児相談所、および相模原市児童相談所の職員の皆様、また、永田悠芽様、佐藤真都佳様、菅野真由美様、佐藤愛様、三浦真理様、河嶋奈穂子様、官野知明様、川添珠深様をはじめスーパーバイジーになっていただいた多くの心理職の皆様にも感謝申し上げます。本書に過去の論文の掲載をお認めいただいた出版社や学会の関係者の皆様、それに症例についてのコメントだけの掲載を許可していただいた研修症例の報告者の先生方にも感謝の意を表したいと思います。校正を手伝っていただき、適確なコメントを下さった森岡由起子様と、仕事の遅い私を励まし支えてくださった岩崎学術出版社の長谷川純様にも深く感謝いたします。

平成二九年八月　　生地　新

初出一覧

第一部　児童福祉施設における心理ケアの実際

1～7　書下ろし

第二部　不適切な養育と精神病理

8　「児童養護施設における入所児童の思春期と乳幼児体験——精神医学的コンサルテーションと心理療法スーパービジョンの経験から」『思春期青年期精神医学』19巻1号，2009

9　「成人期の精神病理と乳幼児期体験」『精神科治療学』31巻7号，2016)

10　「児童養護施設におけるメンタルケアの現状」小野善郎編著『子どもの福祉とメンタルヘルス』明石書店，2006

第三部　事例と助言

11　「児童虐待事例」『精神科治療学』29巻10号，2014

12　「終りの見えない戦いの中での希望について」（横山隆行氏の研修症例論文へのコメント）『精神分析研究』58巻3号，2014

13　「入れ子細工の苦しみの中で生きる意味を見いだすこと」（綱島庸祐氏の研修症例論文へのコメント）『精神分析研究』59巻1号，2015

付録　ＥＢＭと症例研究

14　「医学研究における数的研究と症例研究の相補的関係」『民族衛生』81巻6号，2015

著者略歴
生地新（おいじ　あらた）
1957年１月　山形市で生まれる
1975年３月　宮城県立仙台第一高等学校卒業
1981年３月　山形大学医学部卒業
1986年３月　山形大学大学院医学研究科博士課程修了
1986年４月　山形大学医学部附属病院精神科神経科助手
1990年４月　山形大学医学部附属病院精神科神経科講師
2001年４月　日本女子大学人間社会学部心理学科助教授
2007年１月　北里大学大学院医療系研究科発達精神医学教授
2014年４月　北里大学附属臨床心理相談センター長（兼任）
2015年１月　日本精神分析学会会長
専　攻　児童青年期精神医学・精神分析的精神療法
主な著書・訳書
北山修監修・高野晶編：週一回サイコセラピー序説――精神分析からの贈りもの（分担執筆）（創元社，2017）
ウィーナー・ダルカン著：児童青年精神医学大事典（齋藤万比古・生地新監訳）（西村書店，2012）
ドナルド・ウィニコット：ウィニコット著作集４「子どもを考える」（共訳）（岩崎学術出版社，2008）
牛島定信編著：精神分析入門（分担執筆）（日本放送大学教育振興会，2007）

児童福祉施設の心理ケア
―力動精神医学からみた子どもの心―
ISBN978-4-7533-1125-5

著　者
生地 新

2017年10月11日　第１刷発行

印刷　（株）新協　／　製本　（株）若林製本工場

発行所　（株）岩崎学術出版社　〒101-0052 東京都千代田区神田小川町 2-6-12
発行者　杉田 啓三
電話 03（5577）6817　FAX 03（5577）6837